HODINA Ein Wiener Beispiel

Mit Beiträgen von Friederike Stadlmann, Karl Hodina,
Walter Pissecker und Ernst Weber
Fotos: Johann Klinger, Gerhard Trumler und Fritz Kammler
Gestaltung: Franz Stadlmann

Herausgegeben von der Kammer für Arbeiter und Angestellte für Wien

Friederike Stadlmann

Zum Beispiel Hodina

Fotos: Johann Klinger

Ein großer Baum streckt seine Wurzeln weithin ins Erdreich seiner Umgebung, saugt Nährstoffe und Leben aus der ganzen ihn umgebenden Erde — und gibt ihr dafür die Luft zum Atmen, den kühlen Schatten im heißen Sommer, seine Schönheit im Frühjahr und seine Früchte im Herbst.

Der Baum, sein Wachsen und Vergehen, sein Rhythmus von Blüte, Frucht und Absterben, beeinflußt das Leben im weiten Umkreis. Bäume haben einen weiten Wirkungskreis, und wahrscheinlich kennen wir gar nicht alle Kreise, die sie ziehen, so wie ein Stein, der ins Wasser fällt, Kreise zieht, Wellen schafft, die in letzter Konsequenz dem menschlichen Auge verborgen bleiben, deren Existenz wir kennen ohne sie noch wahrnehmen zu können.

So wie ein großer Baum seinen Schatten ins Land wirft, tut dies auch eine große Stadt. Auch sie zieht Leben und Nahrung aus ihrer Umgebung, um im Ausgleich dafür ihren Schatten über das Land zu werfen, die Blüte ihrer Schönheit, die Früchte ihrer Arbeit, die Verwandlung der eingebrachten Nahrung, die ihre spezielle Luft zustande gebracht hat.

Wien — nacheinander Residenzstadt der ersten Herzöge von Österreich, der bayrischen Babenberger, die vor tausend Jahren den Grundstein für dieses Österreich legten, dann der schweizerischen

Habsburger-Kaiser, die sich hier eine Hausmacht und, nicht beabsichtigt vielleicht, auch den Grund für die Kontinuität dieses Landes in der Geschichte schufen.

Wien — Hauptstadt eines Donaureiches, der Baum, der riesenhaft aufragt unter den Ländern und die Menschen, diesen Nährstoff der Städte, an sich heranzieht, als gelte es ein Vakuum zu füllen.

Wien, der Wasserkopf schließlich, der arme, ungeliebte Kopf von Restösterreich, dem unglücklichen, unwilligen Erben der habsburgischen Konkursmasse, immer noch in seiner Bevölkerung Spiegelbild des Großreiches, ja sein Ebenbild, verkleinert nur wie im Blick durch ein umgekehrtes Fernrohr, umgeben von einem Kleinstaat, der um sein Selbstverständnis rang, und das Erbe des Großreichs, mit seinem Symbol, der Hauptstadt Wien, zu verdrängen suchte, ohne es bewältigen zu können.

In diesem Wien war es möglich, daß eine junge Frau aus der Slowakei sich heimisch fühlte, deren Eltern sie vor langer Zeit hergeschenkt hatten. Die Slowakei ist fruchtbar, die Familien sind groß. Ein Mädchen von acht Jahren einer Wiener Familie als Kindermädchen zu schenken, war nicht unbedingt ungewöhnlich in der guten alten Zeit. So kam eine kleine Slowakin nach Wien, paßte auf die Kinder der Herrschaft auf und saß im übrigen auf den Stufen des fremden Hauses und weinte, wenn sie Heimweh bekam. Die Heimat und ihre Familie sah sie nicht wieder ...

Sie traf aber auf einen anderen Fremdling in der großen, unbekannten Stadt, die nun ihre Heimat sein mußte: einen jungen Ungarn, den auch der Sog der großen Stadt erfaßt und nach Wien geweht hatte. Zwei Heimatlose gaben einander eine neue Heimat, und sechs Kinder trugen das Ihre dazu bei, die einmal geschlagenen Wurzeln zu festigen. Sechs Kinder, die bis ins Alter den schuldigen Respekt vor den Eltern auch dadurch ausdrückten, daß sie den Herrn Vater und die Frau Mutter mit dem förmlichen „Sie" ansprachen. Die Enkel dagegen, Karl Hodina zum Beispiel, durften die Großeltern schon duzen — Kennzeichen einer tiefgreifenden Wandlung, die von der Staatsform bis in die Familien hinein Partnerschaft an die Stelle der unangreifbaren Autorität setzte.

An den ungarischen Großvater, der auf seiner Knöpferlharmonika Volksweisen aus der Heimat seiner slowakischen Frau zu spielen pflegte, erinnert Hodina sich noch gut. Von diesem Großvater erbte er wohl seinen Instinkt für die Volksmusik, der im Blut liegen muß. Den Großvater ließ die Musik bis zuletzt nicht los.

Als er, 67 Jahre alt, im Wiener Wilhelminenspital starb, in der neuen Heimat Ottakring, da starb er mit einem Lied auf den Lippen. Die ganze Nacht, die seine letzte werden sollte, hatte er damit zugebracht, die Lieder zu singen, die ihm die Heimat symbolisierten, umgeben von ratlosen, staunenden Schwestern und Ärzten. Als der letzte Ton abbrach, war der alte Mann tot, nicht aber seine Musik.

Hinterließ der eine Großvater dem kleinen Enkel seine musikalische Begabung, so vermachte ihm der andere, obwohl er schon vor seiner Geburt starb, die Malerei. Großvater Hodina war einer jener berühmten böhmischen Schneider, die es in die

große Stadt Wien zog, und deren Geschick heute noch legendär ist. Als junger Mann kam er ebenso wie seine spätere Frau aus Böhmen nach Wien und ließ sich hier als Schneidermeister nieder. Der Beruf war eine Familientradition, ein Hodina folgte stets dem anderen im Handwerk, und so wurden auch alle Söhne des eingewanderten Schneidermeisters wieder Schneider.

Großvater Hodina, das Oberhaupt der Familie in der neuen Heimat Ottakring, verstand nicht nur sein Handwerk offenbar so gut, daß er sich bald selbständig machen konnte, er hatte darüber hinaus musische Interessen. Am Sonntag, wenn die Arbeit getan war, malte er. Seine Begabung hinterließ er dem nachgeborenen Enkel Karl, der ebenfalls in Ottakring, in der väterlichen Werkstatt, die zugleich auch Wohnung war, heranwuchs.

Kindheitseindrücke, die Karl Hodina, den Maler und Volksmusiker, geformt haben, gibt es genug. Geschichten und Erinnerungen tauchen im Gespräch auf. Wie der kleine Karli, ganze drei Jahre alt, einmal mit Großmutter und Onkel einen Spaziergang ins Liebhartstal unternahm, der zur Stärkung in einem Gasthausgarten unterbrochen wurde. Wie Großmutter und Onkel den Karli plötzlich vermißten und in einer Menschengruppe wiederfanden, die sich um das Klavier drängte.

Dort stand der Bub — und sang: „Erst wann's aus wird sein ..." Das Publikum dankte dem Sänger mit enthusiastischem Beifall — und einem in der Erinnerung überdimensionalen Salzstangerl, dem ersten Künstlerhonorar Hodinas.

Erinnerungen auch daran, wie im Sommer immer das Quartier wechselte. Ottakring wurde dann mit dem Mühlwasser in Aspern vertauscht, wo die Familie einen Schrebergarten hatte, mit einem Häuschen, das der Vater selbst gebaut hatte. Die Sommer am Mühlwasser haben das Kind stark beeindruckt: die frühen Morgenstunden am Wasser, wenn es mit dem Vater, einem Onkel oder dem Großvater zum Fischen mitgehen durfte. Immer unter der Bedingung, daß es sich völlig ruhig verhielte, um die Prachtexemplare nicht zu verscheuchen, die man hier aus dem Wasser ziehen konnte: Karpfen, Hechte, Salme, Störe oder Welse, die einen willkommenen Beitrag zum Speisezettel darstellten.

Der Fischfang — das ist ein Thema, das der Maler Hodina heute noch gern aufgreift. Das lange Warten auf den großen Fisch, die Zeit, in der man ganz ruhig sitzen mußte, hat ihre Spuren hinterlassen. Sie hat Hodinas Blick schon in der Kindheit auf die vielen kleinen Dinge gerichtet, die man nur beim Stillsitzen so gut beobachten konnte: Die Wasserläufer zum Beispiel, die übers flirrende Wasser schossen, die funkelnden Libellen, die Vögel, die zu Bad und Tränke kamen oder hoch oben am blauen Sommerhimmel vorbeizogen. Den Kosmos im kleinen, in einem Grashalm ebenso zu erkennen und zu begreifen wie beim Anblick der fernen Sterne, diese Eigenart österreichischer Künstler hat schon das Kind, das unter der Bedingung des Stillsitzens zum Fischen mitkommen durfte, ausgezeichnet.

Den Sommern an der Donau stehen die Winter im heimatlichen Ottakring gegenüber, die heute noch in vielen Liedern

Hodinas nachklingen. Da gab es die aufregenden Kinderspiele in Gassen und Hinterhöfen, die großen Schleifen, die die Buben im Winter anlegten — und die Musik.

Die musikalische Begabung ihres Sohnes Karl fiel seiner Mutter früh auf. Den eigenen Vater, den leidenschaftlichen Spieler auf der Knöpferlharmonika, vor Augen, hatte sie Verständnis für den Wunsch ihres Sohnes, Harmonika spielen zu lernen.

Die Harmonika war die erste Liebe Hodinas, der er, nach einem Abstecher zum Klavier, bis heute treu geblieben ist. Es war eine Liebe auf Gegenseitigkeit: Schon nach einigen Jahren riet sein Lehrer der Mutter, mit den Harmonikastunden aufzuhören und das Geld dafür zu sparen: er könne ihrem Sohn nichts mehr beibringen ...

Das Geld, das die Harmonikastunden gekostet hatten, konnte die Familie tatsächlich gut brauchen. Vater Hodina, der die Schneiderwerkstatt mit Hilfe seiner Frau auch während des Kriegs weitergeführt hatte, war tot, gestorben in der Wohnung in Ottakring, die gleichzeitig sein Arbeitsplatz gewesen war. Hier hatte er mit in der ganzen Umgebung bekanntem Formgefühl seine Modelle geschaffen, wobei ihm eine besondere Begabung sehr zu Hilfe kam: sooft er beim Spaziergang ein Modell sah, das ihm gefiel, setzte er sich zu Hause sofort hin, zeichnete es aus dem Kopf nach und machte auch gleich den passenden Schnitt dazu: Wieder konnte er etwas mehr bieten als viele andere.

Die Arbeit des Vaters bestimmte natürlich auch die ganze Atmosphäre der Wohnung: Stets, so erinnert sich Hodina noch heute, lagen Fleckerln in den verschiedensten Farben und Stoffarten umher, gab es überall Fäden und Arbeitsutensilien.

Einmal habe er dem Vater gesagt, sein größter Wunsch sei es, daß die Wohnung einmal so aufgeräumt und ganz ohne Fleckerln sei wie bei anderen. Da sei der Vater ernst geworden und habe ihm gesagt, daß er sich das nicht wünschen solle. Denn wenn die Wohnung einmal ohne Fleckerln sei, dann würde das bedeuten, daß sie auch keine Arbeit hätten. Und Arbeitslose gab es nicht wenige, niemand brauchte dem Kind zu erklären, was das sei, denn eine seiner Lieblingsbeschäftigungen war es, mit den Straßenmusikanten mitzulaufen, die in den Hinterhöfen sangen und bettelten, stets auf der Flucht vor der Polizei, die in einem Staat, der den Menschen ihr Recht auf Arbeit und Existenz versagte, eine Ordnung aufrechterhalten sollte, die in Wahrheit längst zu Bruch gegangen war.

Der Ernst, mit dem der Vater dem Kind den Wunsch nach einer aufgeräumten Wohnung abgeschlagen hatte, war nur zu begründet. Nicht nur Arbeitslosigkeit und die ganz allgemeine trostlose politische Lage bedrohten das kleine Glück der in Ottakring seßhaft gewordenen Hodinas. Der Vater litt auch an einer heimtückischen Krankheit, die unter der Wiener Bevölkerung ihre Opfer in Massen forderte: an der Tuberkulose, der so viele Menschen, vor allem in den Wiener Arbeiterbezirken, zum Opfer fielen, daß sie allgemein als die Wiener Krankheit bezeichnet wurde.

Der Tuberkulose verdankte der Schneider Hodina es, daß er vor dem Militärdienst im Zweiten Weltkrieg bewahrt blieb, den Krieg überlebte er dennoch nicht. Im Früh-

jahr 1945, drei Tage vor dem russischen Einmarsch, starb er, bis zuletzt zu Hause, in der Ottakringer Wohnung mit den vielen Fleckerln. Seine Frau hatte, allen Warnungen zum Trotz, die Ansteckungsgefahr nicht gescheut, und das Kind hatte die Gefahr gar nicht begriffen. Nur eines war ihm sonderbar vorgekommen: daß der Vater es nie, nicht ein einziges Mal in seiner Erinnerung geküßt hatte. „Das hat mich damals schon gekränkt, als Kind, weil ich ja den Grund nicht verstanden habe“, sagt Hodina heute. „Daß der Vater sich so zurückgehalten hat — nur an sich gedrückt, das hat er mich manchmal ganz schnell.“

1945, als der Vater stirbt, ist der Kampf um Wien in vollem Gang. Nichts funktioniert mehr richtig. Verwandte müssen den Vater auf dem Ottakringer Friedhof begraben, noch während der Beerdigung wird der Bombenhagel so dicht, daß die Mutter mit dem Kind in den nächsten Keller laufen muß. Eine Situation wie ein Alptraum, aus dem es kein Erwachen zu geben scheint. Eine Stunde Null, ein gespenstisches Interregnum für die Menschen. Ein schreckliches Ende einer schrecklichen Zeit, und zugleich ein Anfang, an den noch niemand so recht zu glauben vermag.

Auf der Harmonika, so hatte der Lehrer des jungen Karl Hodina dessen Mutter gesagt, könne er dem Karl nichts mehr beibringen, da sei ihm der schon über. Und weil er wisse, daß sie Witfrau sei und sich schwer genug tue, rate er ihr, nur noch mit dem Klavierunterricht fortzufahren.

Nicht allein darum bestimmte das Klavier in den folgenden Jahren Hodinas

musikalische Laufbahn. Mit dem Kriegsende strömten die fremden Soldaten der vier Siegermächte statt der fremden deutschen Soldaten ins Land, und mit ihnen kamen auch alle jene Dinge, die in der Welt passiert waren, seit Hitler sein tausendjähriges Reich vor den „artfremden“ Einflüssen aus aller Welt abgekapselt hatte. Es kam die Idee der parlamentarischen Demokratie wieder, es kam — für viele Österreicher zum erstenmal — die Erkenntnis, daß dieses Österreich sehr wohl ein eigener Staat sei, und daß sie ihn auch haben wollten. Hatten wirtschaftliche Schwierigkeiten und das Unvermögen, an eine Existenzfähigkeit des kleinen Restes der Donaumonarchie zu glauben, in der Ersten Republik nahezu alle Parteien immer wieder über die Grenzen blicken und den einen oder anderen Anschluß als wünschenswert erscheinen lassen, so wußten nun alle ganz genau, daß sie nur Österreicher waren und es auch sein wollten. Besinnung auf die eigene Lebensart, aber auch eine Öffnung nach außen, die alles nachholen wollte, was in den Kriegsjahren sich in der Welt ereignet hatte, das war die allgemeine Haltung nach dem Krieg. Und besonders unter der Jugend war die Faszination durch die neue und freie Welt ungeheuer.

Für Karl Hodina brachte das Kriegsende die Bekanntschaft mit einer neuen Musik, die ihn lange Jahre fesseln sollte: dem Jazz. Sidney Bechet war der erste Musiker, den er in Wien hörte, Charlie Parker sein entscheidendes musikalisches Erlebnis. Hodina, bisher der Harmonika und der Volksmusik, dem Klavier und der Klassik verhaftet, lauschte atemlos den neuen

Tönen. Hier tat sich eine Welt auf, und er zögerte nicht, sich hineinzuwagen.

Nahezu gleichzeitig mit dem Erlebnis des Jazz kam noch eine zweite, entscheidende Begegnung auf den jungen Hodina zu. Die Mutter hatte für ihn, von der Familientradition abweichend, eine Lehrstelle nicht als Schneider, sondern als Lithograph und Chemigraph gefunden. Hodina erlernte seinen Beruf bei der Firma Angerer und Göschl, und hier eröffnete sich ihm, da die Firma viele Aufträge der Reproduktion alter Meister aus den Beständen der Wiener Museen hatte, eine Welt, die ihm bisher völlig fremd war. Sicherlich, Großvater Hodina hatte einige recht hübsche Landschaften hinterlassen, dazu Aufzeichnungen seiner Technik. Aber erst jetzt, da er der Größe gegenüberstand, tat sich dem jungen Lehrling und Arbeiter die Welt der Kunst auf. Fasziniert von dieser neuen Möglichkeit sich auszudrücken, begann Hodina die Werke der Meister nicht nur in seiner beruflichen Arbeit zu reproduzieren, sondern sie auch in seiner Freizeit nachzuempfinden. Zuerst die Impressionisten, dann die Expressionisten, dann, mit traumwandlerischer Sicherheit, malte er das erste Bild, das seinem heutigen Werk entspricht: Den Wunderdoktor, ein Bild, in dem Hodina, durchaus noch unbewußt, an die Werke der alten Meister, die er so bewunderte, anschloß. Naivität und Phantastik und die gefühlte, aber noch nicht greifbare Erkenntnis, daß er alles, was organisch wächst, begreifen und erfühlen könnte, halten sich in diesem Bild die Waage. Selbst überrascht von dem, was er gemacht hatte und was er heute noch für gültig ansieht, wollte Hodina zunächst fortfahren, in der scheinbar gefundenen Manier zu malen. Doch die Linie ließ sich nicht schließen, der eine Wurf war ein Ahnen, ein Voraussagen der Erkenntnisse, die erst erarbeitet werden mußten. Zufall und Begabung, so denkt Hodina, lassen wohl ein Produkt entstehen, das Künstler und Betrachter zufriedenstellen mag. Dann aber darf nicht Zufriedenheit mit sich selbst und ein Fortfahren auf einem scheinbar gesicherten Weg folgen, sondern Arbeit, Analyse des Erreichten, damit es wirklich zum gesicherten geistigen Fundus gehören kann.

Der „Wunderdoktor“ war ein großer Voraus-Wurf gewesen, der ihn seine künftigen Möglichkeiten ahnen ließ. Nun mußte dieser Vorgabe der große Sprung nach vorn folgen, und es ist typisch für Hodina, daß er diesem Sprung ein Abwägen, ein Ertasten und Erfühlen der Materie, in die er sich da hineinzuwagen anschickte, vorausgehen ließ.

Hodina, der Maler, der im 20. Jahrhundert seine Bilder mit der Akribie und dem Formenreichtum malt, die vor hunderten Jahren holländische, flämische und auch deutsche Meister ausgezeichnet hat, begann seinen eigentlichen, bewußten Weg als Maler als Abstrakter. Und noch heute, da seine Art zu malen eine ganz andere geworden ist, ist er davon überzeugt, daß es gerade diese Phase in seiner Entwicklung ist, die den Schlüssel zu seiner Malerei darstellt.

Typisch für ihn: die ungeheure Sorgfalt, mit der er an sein Unternehmen herangeht, das analytische Durchdenken und Durchspielen aller Möglichkeiten — nicht

ELKA

umsonst schätzt Hodina Hermann Hesse und dessen „Glasperlenspiel" besonders, nicht umsonst ist er ein leidenschaftlicher — und sehr guter — Schach- und Go-Spieler. Der Hang zum Erfassen aller Möglichkeiten, zur Perfektion, wird bei ihm freilich von der Erkenntnis begleitet, daß Perfektion in Wahrheit nicht möglich und auch nicht wünschenswert ist. Hodina begreift sich als Künstler, dessen Aufgabe es ist, stets nach noch Besserem, nach noch höherer Qualität zu streben, aber er ist kein Artist, der Interesse an der leeren Form, an der Perfektion der Technik hat. Sein Start als Abstrakter, mit dem Hodina mit den Möglichkeiten der Malerei sozusagen in den Clinch ging, brachte als Ergebnis von 72 Versuchen, ein Thema zu bewältigen, immerhin eine Ausstellung, in der er fünf Bilder zeigen konnte: vier Variationen über ein Thema. Und er brachte Hodina zurück zu jener Arbeitsweise, in der er schon den „Wunderdoktor" geschaffen hatte, und in der nun immer neue Bilder entstanden, die er heute noch als seine legitimen Kinder betrachtet.

Es waren auch Sorgenkinder, denn sie entstanden in Jahren der Spannungen und unter den denkbar ungünstigsten Bedingungen. Nicht nur, daß Hodina unter sehr beengten räumlichen Verhältnissen litt — er wohnte und arbeitete mit Frau und drei Kindern auf 18 Quadratmetern Wohnfläche —, nicht nur, daß allein die Kosten für die Malerei, für Material, Malgründe und Farben, oft die Hälfte seines Einkommens als Lithograph verschlangen. Nicht nur, daß sich damals offenbar noch kein Mensch für die Bilder des Malers Hodina, die er heute

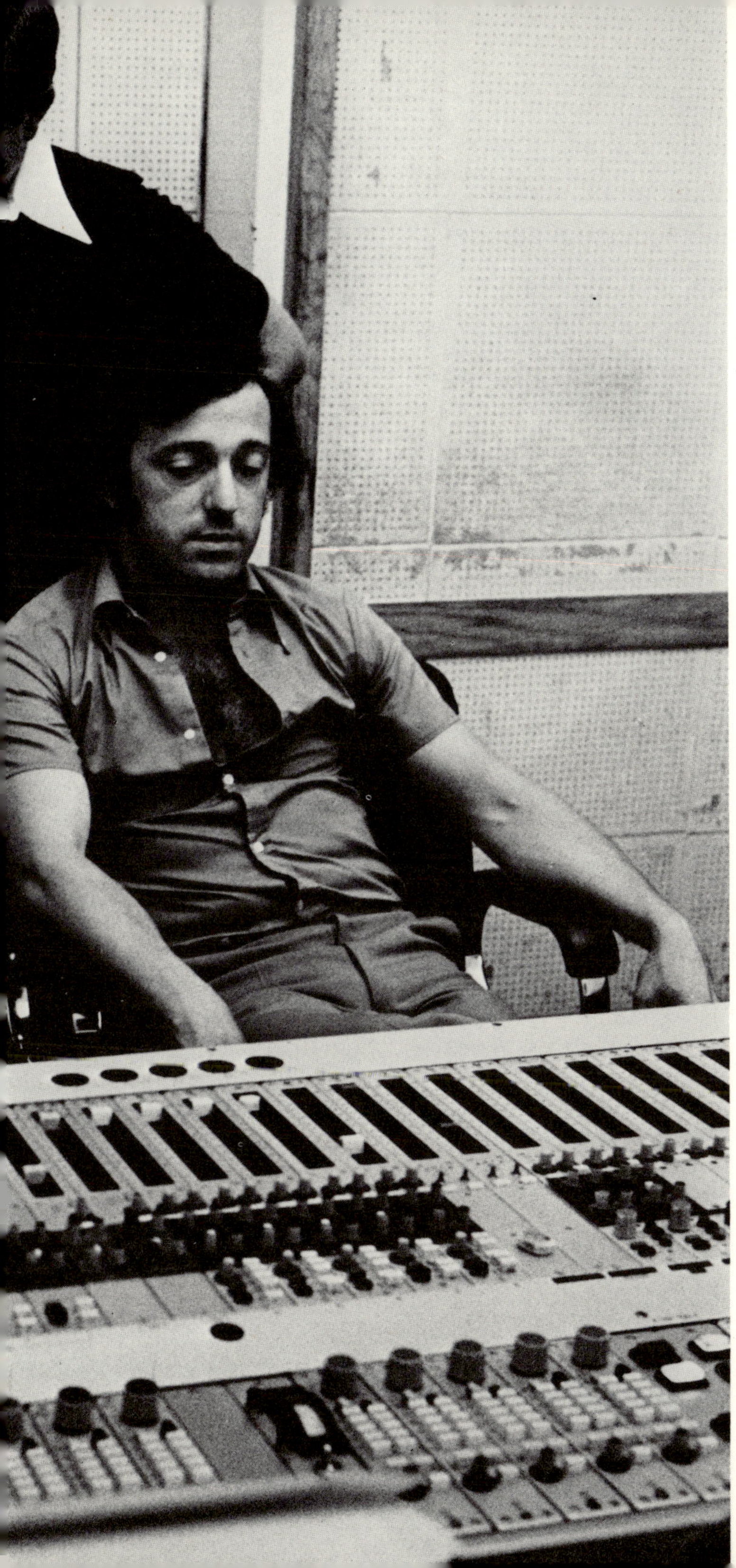

gar nicht so schnell malen kann, wie er sie verkaufen könnte, interessierte: es sollte noch schlimmer kommen. Ein Augenleiden, an dem Hodina schon lange litt, ohne es zu wissen, kam durch eine Entzündung zum Ausbruch. Hodina mußte sich einer Operation der Augen unterziehen, die ihn in der Folge arbeitsunfähig machte. Zwei Jahre lang sah er fast nichts, konnte auch mit Brille nichts lesen. Unfähig, richtig zu sehen, unfähig, seinen Beruf als Lithograph und Chemigraph weiter auszuüben, stand der Dreißigjährige praktisch vor dem Nichts. Sicherlich, der Familienzusammenhalt bot ihm Schutz. Zwei Jahre lang ernährte Renate Hodina die fünfköpfige Familie, indem sie in Heimarbeit für eine zahntechnische Firma Gebisse feilte. Aber eine Lösung war das nicht.

Es war die schon halb vergessene Kunst der Volksmusik, die dieser trostlosen Situation die Wendung zum Besseren gab. Hodina erinnerte sich seiner Künste auf der Harmonika wieder. Die Lieder, die ihn seine Mutter gelehrt hatte, mischten sich mit neuen Eindrücken: die Bekanntschaft mit dem Jazz gehörte dazu, aber auch die Entdeckung der sogenannten Kremser Alben, in denen Hodina echtes Volksmusikgut fand. Was anfänglich nur ein Versuch war, eine mißliche wirtschaftliche Lage irgendwie zu beenden — Hodina hatte seine musikalische Tätigkeit wiederaufgenommen, indem er einfach zu einem Heurigen nach Stammersdorf fuhr und dort den Gästen vorspielte — wurde sehr bald wieder künstlerisches Interesse. Hodina begann bewußt, altes Wiener Musikgut zu sammeln, er komponierte und schrieb auch selbst Melodien und Texte zu Wiener Liedern. Dem ersten Versuch beim Stammersdorfer Heurigen folgten bald feste Engagements, die Hodina die materielle Grundlage gaben, auf der er als Musiker wie als Maler weiterleben und arbeiten konnte. Wahrscheinlich aber hat dieses Erlebnis des Erfolgs, des Kontakts mit Zuhörern, bald mit einer immer größer werdenden Zahl von Freunden, die zu dem ausgesprochenen Zweck kamen, den Karl Hodina spielen und singen zu hören, ihm mehr gegeben als nur das Geld, das man eben zum Leben braucht. Ein kranker, unglücklicher, erfolgloser Mensch braucht mehr als andere einen Anstoß von außen, das Gefühl, Freunde zu haben, um mit sich selbst und seiner Welt wieder ins reine zu kommen. Und diesen Anstoß — und einen treuen Kreis von Anhängern seiner Musik — hat Hodina in dieser schwierigen Zeit erhalten, als er im heimatlichen Ottakring wieder zu spielen begann.

Der Erfolg des Musikers war dem Erfolg des Malers Hodina jedenfalls ein Wegbereiter. In diesen Jahren, in denen Hodina in verschiedenen Ottakringer Lokalen spielte und bald auch Schallplatten seiner Lieder aufnahm, war er auch als Maler sehr aktiv.

Und immer deutlicher und bewußter entwickelte er in seinen Bildern die Ideen, die ihn am meisten beschäftigten und faszinierten: es geht ihm um den Menschen in allen Facetten seiner Existenz. Der Mensch als Teil einer verschwenderisch wuchernden Natur, gleichzeitig ihr Geschöpf wie auch ihr Meister, das ist es, was Hodina fasziniert. Ist es dabei Kampf oder Symbio-

se, was dieses Verhältnis dominiert? Hodina legt sich darin nicht fest, von Bild zu Bild gibt er jeweils einer anderen Variante einen leichten Vorrang gegenüber der anderen.

Da ist das große Tryptichon „Der Traum vom Fliegen“: Der uralte Menschheitswunsch des Fliegens, des Aufsteigens, des Loslösens von der biologischen Fessel, die unser der Erde verhafteter Körper darstellt, drückt sich in verschiedenartigen Flugobjekten aus, die über einer geheimnisvollen Landschaft schweben. Mitten in diese Landschaft haben Menschen eine Vogelscheuche gestellt, Drohung für die Flieger, die sie dennoch nicht beirrt: ein Vogel hat sich gerade auf der Spitze des Popanz niedergelassen. Dominiert wird der „Traum vom Fliegen“ von einem Magier, Priester und Zauberer zugleich, der aus einem Vogelnest in seiner Hand seine Gedanken auffliegen läßt.

Der Gedanke des Zauberers, des Verwandlers, Analysators und scheinbaren Herrschers über die Materie, in Verwandtschaft damit auch der Gedanke des Dompteurs und des Meisterspielers, hat Hodina in vielen seiner Bilder fasziniert. Im „Pflanzendoktor“ zum Beispiel, der die Pflanzen seines Gartens nicht gegen kleine, boshafte, insektenartige Wesen schützen kann, die sie zerstören: der Mensch, auch der fähige, berufene Mensch in seiner Hilflosigkeit vor der mächtigen Natur, die ihre Allmacht selbst in den kleinsten ihrer Geschöpfe, in den Insekten zum Beispiel, dem menschlichen Herrschaftsanspruch über sie entgegenstellen kann.

Negativ stellt Hodina diesen Herrschaftsanspruch in Bildern wie dem „Schachmeister in seinem Garten“ oder im „Dompteur“ dar. Der Schachmeister, der der Landschaft um ihn sein Zeichen, die Felder des Schachspiels, brutal aufgezwungen hat, ergeht sich selbstgefällig in seinem Garten, seine Hunde — korrumpierte Mitläufer? — begleiten ihn, er selbst ist ein Snob, der mit seinem zerstörerischen Eingriff seine Umgebung vergewaltigt hat, ohne seine Schuld auch nur zu begreifen. Ein drohender Grundton liegt über diesem Bild, das die Veränderung, eine gewaltsame Veränderung der Welt durch den Menschen, zeigt, um gleichzeitig ahnen zu lassen, daß diese Veränderung nicht von Dauer sein kann.

Dem „Schachmeister in seinem Garten“ verwandt ist der „Dompteur“. In künstlicher Pose erstarrt, steht er in der Bildmitte und verlangt von einem Riesenwesen Gehorsam: Es soll durch einen viel zu kleinen Ring springen, den der Dompteur in der erhobenen Hand hält. Scheinbar fügt sich das viel stärkere Geschöpf dem Willen des Dompteurs, es ist im Moment des Betrachtens in der Pose des kommenden Sprungs erstarrt, der doch nie stattfinden kann. Der Dompteur zeigt dem Zuschauer viel, er kann aber nur verblüffen, die angekündigte Großtat findet nicht statt, die Aufgabe kann gar nicht bewältigt werden.

Ganz anders stellt sich die Wechselbeziehung Mensch-Natur in zwei anderen Bildern dar: Im „Zauberschach“ und im „Zauberer auf großer Reise“. Auch im „Zauberschach“ ist die Natur Spielfeld des Menschen, der ihr seinen Stempel aufdrückt, hier das Zeichen des Schachmeisters, der im Vordergrund das Spiel ernsthaft betreibt, gegen ein unbekanntes, aus einem Baumstumpf herauswachsendes Wesen, das ein übermächtiger Gegner zu sein scheint. Dennoch spielt der Schachmeister sein Spiel mit Würde und ohne Hast. Eine Vogelmaske lenkt seinen Blick, nicht unähnlich einem Paar Scheuklappen, auf das Spielfeld, gaukelnde Schmetterlinge kreisen darüber wie flüchtige Gedanken. Auch die Landschaft im Mittel- und Hintergrund zeigt die Merkmale des Spiels, ohne dadurch unterjocht zu werden. Berge, Wiesen, Felder und Schachfelder verfließen mit der Architektur menschlicher Bauwerke zu einem einheitlichen, harmonischen Ganzen.

Mehr Widerstreit und weniger Ausgeglichenheit zeigt der „Zauberer auf großer Reise“. Vor einem Hintergrund, der sich in unbestimmbarer Ferne verliert, geht der Zauberer auf die große Reise. Daß er erst am Anfang ist, zeigen die noch recht kleinen Flügel, die er trägt, ebenso wie sein zweifelnder Gesichtsausdruck: Der Zauberer zweifelt nicht am Ergebnis und an den Folgen seiner Reise, seine Zaghaftigkeit gilt vielmehr der Reise selbst, dem Bewußtsein des Neuen, das sie bringen wird. Er ist sich der Notwendigkeit, ja der Unvermeidbarkeit der Reise bewußt, ebensosehr wohl aber auch der Tatsache, daß sie ihn nicht glücklicher machen wird.

Hodinas Eindruck, alles verstehen zu können, was organisch wächst, gibt auch den Bildern ihren besonderen Reiz, die ganz ohne ein solches Wachsen im engeren Sinn auskommen, zum Beispiel seinen Winterlandschaften. Hier erhält der Begriff des Wachsens, des Werdens, das notwen-

digerweise auch den Blick auf seine unausweichliche Folgerung, das Vergehen, einschließt, eine neue Dimension. Da wachsen aus einer Felsen- und Klippenlandschaft Versteinerungen wie von Muscheln und Schnecken empor, als hätte ein urzeitliches Meer sie hierhergespült und leer und nutzlos wieder zurückgelassen. Alles Leben scheint in diesen Winterbildern unter einer Eisschicht erstarrt zu sein, selbst die Menschen und Tiere. Und doch — es gibt auch die Winterlandschaft, in der man nicht die Gegenwart, nicht einmal das Herannahen des Frühlings, wohl aber unleugbar seine Möglichkeit, seine Zwangsläufigkeit auch in der Gegenwart des tiefsten Eises spürt.

Themen wie die Jagd und der Fischfang haben Hodina immer wieder fasziniert: Der Mensch, der, indem er aus ihr schöpft, sich von der ihn umgebenden Natur ernährt, das Wechselspiel des Entnehmens und Aufnehmens von Substanz, von Leben, das sind Urfunktionen menschlichen Verhaltens, die der Maler immer wieder darstellt. Folgerichtig geht es dabei gar nicht in erster Linie um eine reale Beute. Hodinas Jäger machen Jagd auf Ameisen wie auf geheimnisvolle Fabelwesen, auf Schmetterlinge und Kirschaugentiere, seine Fischer sind eins mit der Landschaft, wachsen aus dem Wasser und halten die Beute nachdenklich in ihren Händen, indessen Fischgeister und -symbole Himmel und Erde rundum bevölkern.

Besonders deutlich wird dieses Wachsen mit der Natur, der der Mensch auflauert, von der er lebt und die er ausbeutet, in dem Bild des „Fischers", dessen Gestalt

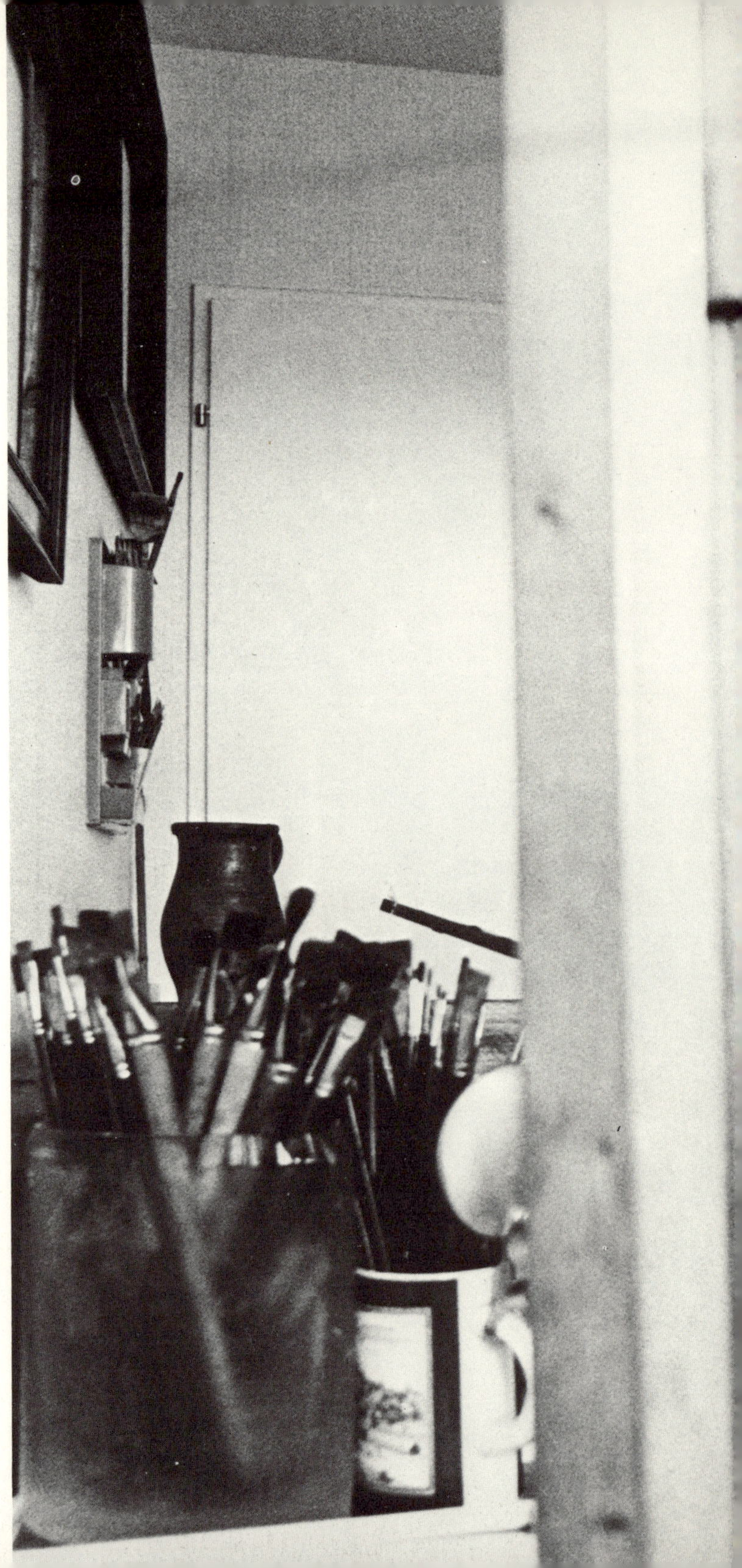

direkt aus der Erde zu wachsen scheint, wie auch seine Kleidung ihn kaum von den umgebenden Gräsern und Halmen abhebt. Der klare, spiegelnde See, die geheimnisvolle, völlig unberührte Landschaft, der Mensch, der in ihr aufgeht und mit ihr verwächst: hier sind die Erinnerungen des Kindes lebendig, das beim Stillsitzen am Wasser mit der Natur verwuchs, sie sah, wie sie nur Nähe und Geduld zeigen.

Die Beobachtung aus nächster Nähe und mit großer Intensität und Ausdauer spricht auch aus der „Heimkehr von der Jagd“. Durch eine friedvolle Landschaft — Stifters literarische Landschaftsmalereien kommen dem Betrachter nicht von ungefähr in den Sinn — trägt der Jäger seine Beute heim, zentrales Thema ist aber eigentlich gar nicht diese kleine Szene, sondern die Landschaft selbst, in erster Linie ein riesenhafter, urtümlicher Baum, der das Bild beherrscht, Wachstum, wie es sich augenfälliger kaum darstellen läßt.

Freilich zeigt die wuchernde Natur dem Menschen in den Bildern Hodinas nicht nur ihre lebensspendende, lebensbejahende Seite. Sie ist nicht nur Spenderin, sondern auch Verschlingerin des Lebens, nicht nur schön, sondern auch drohend, nicht nur zu beherrschen, sondern auch heimtückisch und unberechenbar, manchmal die „Falle“ schlechthin, die als sanfter Hügel plötzlich ein Fischmaul öffnet, um die Hilflosen im Segelboot zu verschlingen. Ein geflügeltes Wesen mit abstoßender Maske spielt dazu auf der Flöte: Pan, Satan, oder einfach nur der Geist der zerstörerischen Natur, die den Menschen trifft, ohne ihn auch nur wahrzunehmen?

Ist es ein Wunder, daß der Mensch davon träumt, sich dieser Macht und seiner Ohnmacht zu entziehen, wegzufliegen, sich wegzuträumen, unabhängig zu werden von dieser geheimnisvollen Materie und damit von dem Teil seiner Existenz, die ihn daran bindet, vom Körper? Fliegen ist das zentrale Thema vieler Bilder Hodinas, ob es sich dabei um Vogelmenschen wie die „Vogelfrau" handelt, ob um „Fliegende Fische", um „Drachensteiger" oder auch um Gedanken, die seine Menschen aufsteigen lassen. Es bleibt freilich beim Wunsch: Hodina ist sich zu sehr seiner Unerfüllbarkeit bewußt, hat wie ein Schachmeister zu sehr alle Möglichkeiten des Spiels ausgelotet, um nicht zu wissen, daß der Flugtraum Wunsch bleiben muß, daß er den Eskapismus nicht ermöglicht. Kein einziger Mensch auf seinen Bildern fliegt wirklich — nicht einmal der Zauberer mit den kleinen Flügeln, der sich auf die große Reise begibt.

So fest am Boden wie Hodina mit den Gestalten, die seine Bilder bevölkern, bleibt, so sehr sieht er auch in den Porträts, die er malt, deren Vorbilder in einer Landschaft verwurzelt. Jede Figur erhält den Hintergrund und die Kleidung, die wirklich zu ihr paßt — und das kann ebenso ein nachempfundenes historisches Kostüm wie das Gewand unseres Jahrhunderts sein. Jeder Mensch führt für ihn seine Landschaft mit sich — und so malt er auch seine Porträts. Mit einer Ausnahme: Tochter Silvia, gemalt als Dreizehnjährige, blickt im historischen Kostüm, vom eiförmigen Spitzhäubchen noch halb beschützt, aus einem neutralen Hintergrund. Kinder, so meint Hodina, müßten sich ihre Landschaft erst erwerben wie eine Identität . . .

Das Zusammenspiel von Person und Landschaft, von Mensch, Pflanze, Fabeltier, Architektur, von Wachstum in historischer und botanischer Spielart spricht auch aus dem jüngsten Bild Hodinas: „Der liebe Augustin verläßt Wien." Die Figur des Augustin schreitet aus dem Bild, Mensch und überwuchertes Bildnis zugleich, dessen Kleider das Wuchern der Landschaft aufnehmen wie einen Akkord. Um ihn und hinter ihm die Wiener Landschaft, eine märchenhaft leuchtende Donau mit Weinberg- und Uferlandschaften, im Vordergrund begrenzt von einem Pflanzenwachstum, wie man es in Aulandschaften oder aus urzeitlichen Versteinerungen kennt. Felder erstrecken sich zwischen dem wandernden Augustin und der Stadt nach allen Seiten, begrenzt von Hügeln, bevölkert von Türkenheeren und Vogelscheuchen. Die Stadt Wien, nach einer Ansicht aus dem 15. Jahrhundert originalgetreu wiedergegeben, erscheint wie eine Apotheose im Hintergrund des Bildes, aus dem der liebe Augustin schreitet. Im Arm hält er den Basilisken, dem Dudelsackpfeifen gewachsen sind. Doch es ist kein fröhliches Bild: mit einer Hand schließt Augustin den Mund des Tier-Instruments. Das letzte Lied ist gesungen und gespielt, er verläßt die leuchtende Stadt, hinter ihm liegt Geschichte, über ihm, aus seinem Hut herauswachsend, deutet sich eine Zukunft an: eine phantastische Landschaft, Pflanzen, Architektur, eine Idee erst, die darauf wartet, durch Menschen und deren Gedanken bevölkert zu werden.

Der liebe Augustin
Variation zu einem Thema

Weichgrundradierung
im Auftrag der Kammer für Arbeiter und Angestellte für Wien

Stürmische Landschaft

Landschaft mit Insekt

Zwilling

Wunderdoktor

Karl Hodina

Zauberer auf großer Reise

1969

Winterlandschaft

Karl Hodina
1990

Karl Hodina

Karl Hodina

Schmetterlingsjäger

Karl Hodina

Karl Hodina

Traum vom Fliegen

Der liebe Augustin verläßt Wien

Einsamer Wanderer

Der Fischer

Der Wassermann

Verwandlung

Karl Hodina

Lieder und Gedichte

Fotos: Johann Klinger

Walter Pissecker

Wien: Vier Essays

Straßenmusikant

A Straßenmusikant, der kommt in 's Pfandleihhaus,
Tippelneger mit an Koffer in der Hand.
Er geht seit läng'rer Zeit dort öfters ein und aus,
Hat schon sein Ring versetzt und a sein Sonntagsg'wand.
Doch heut' fällt ihm der Weg dorthin besonders schwer,
Sein Herz, das is' in diesem Koffer drin.
Denn wann a Musikant sein Instrument verliert,
Dann is' für immer aus und g'scheh'n mit ihm.

Straßenmusikant, ohne Quetschen in der Hand,
Bist a Null und bist a Weh, kannst in d' Häuser nimmer geh.
Straßenmusikant, mit die Menscher an der Hand,
San die Buam im Hof umg'hupft, Leut' haben Kreuzer abagschupft.
Die allerschönsten Tanz hat dei alte Quetsch'n g'spielt,
Hat sich plagt, hat sich bemüht, doch nur für di.
Straßenmusikant, nur der Pfandschein in der Hand,
Bleibt als einzige Erinnerung an sie.

Doch nach an Jahr hat eahm das schlechte G'wissen druckt,
Er is' noch amal hinein ins Pfandleihhaus.
Dort hat er sich beim Schalter umananderdruckt,
Nach aner Weil nimmt er sein Pfandschein raus.
Er freut sich heut' als wia a klanes Kind darauf,
Um 's letzte Geld will er sei Quetschen holen.
Der Mann dort hinterm Schalter schaut am Zettel drauf
Und sagt: Das Instrument is' längst verfallen.

Wien und das Unvollendete

Der Wiener Stephansdom gehört zu den bedeutendsten Sakral-Bauwerken der Welt. Die Kathedrale wurde mit zwei Türmen konzipiert, der Bau des zweiten Turmes blieb im Ansatz stecken. Trotzdem gehört der unvollendete Dom zum Schönsten, das uns die Gotik hinterlassen hat. Ein Sinnbild dafür, wie vollendet das Unvollendete sein kann. Und zugleich ein Symbol für die Mentalität eines Menschenschlags, dem es weniger darauf ankommt, etwas Mittelmäßiges fertiggebracht als etwas Großes begonnen zu haben.

Kenner werten als die bedeutendste der von Franz Schubert geschaffenen neun Symphonien jene in h-moll — sie blieb unvollendet. „Die letzten Tage der Menschheit" von Karl Kraus, eines der berühmtesten dramatischen Werke der jüngeren Vergangenheit, ist unaufführbar. Herzmanovsky-Orlando — der die österreichische Seele vielleicht am treffendsten beschrieb — hinterließ sein Werk in Fragmenten, einer der bedeutendsten Romane unseres Jahrhunderts, der „Mann ohne Eigenschaften" von Robert Musil, war schon von seiner Konzeption her unvollendbar, und die Vollendung von Mozarts „Requiem" verhinderte nicht allein der Tod.

Das Nichtvollenden des Wieners hat mancherlei Gründe. Vor allem sind es seine Träume: Sie sind zu groß, um mit der Wirklichkeit Schritt halten zu können. Dazu kommt das spielerische Element, das den Wiener vor der eigenen Größe schützt. Nicht die Zielstrebigkeit, nicht das Ausgerichtetsein auf etwas Bestimmtes bringt ihn dazu, Kunstwerke in die Welt zu setzen, sondern der spielerische Versuch. Er möchte Indien erreichen, und er entdeckt dabei Amerika. Er hat nicht vor, etwas für die Ewigkeit zu tun, sondern für den nächsten Augenblick. Und so entsteht manches nebenher, wie etwa alle Werke von Nestroy, der kein Dichter, sondern ein Schauspieler war. Und damit kommt ein weiterer Grund ins Spiel, aus dem in Wien soviel unvollendet bleibt, er ist im Wesenszug des Wieners zu erkennen, den seine pessimistische Weltsicht am Fertigwerden hindert: Die Ausrede auf den Kometen, dem nicht zu entrinnen ist, hat der Schuster Knieriem von den Wienern entlehnt. Es kommt immer etwas, das Arbeit und Leistung als unwesentlich erscheinen läßt. Zugleich ein Ruhekissen für das Gewissen wie ein durchaus anzuerkennender epikuräischer Standpunkt: gelassenes, leidenschaftsloses Hinnehmen des Natürlichen und Notwendigen.

Die durch harte Arbeit erzwungene Leistung verlockt den Wiener nicht zum Schwärmen. In seinen Augen zählt es zur Kunst, Leistung ohne besondere Anstrengung zu erzielen. Im übrigen gilt das nicht nur für ein künstlerisches Werk, sondern auch für den Reichtum, die Macht oder die Bildung. Und daher gibt es auch in Wien eine Unmenge von Dichtern, die nie eine Zeile geschrieben haben, von Malern, die nie einen Pinsel in der Hand hatten, und von Musikern, die nie ein Notenblatt vor sich hatten. Millionen von unvollendeten Werken sind so nie an ihr Publikum gekommen, aber in den Gedanken waren sie vollkommen. Und weil der Ewigkeitswert von Kunstwerken eine höchst unsichere Währung ist, ging einer zukünftigen Welt wohl auch nicht allzuviel verloren.

Eine Stadt, die das Unvollendete nicht diskreditiert, sondern schätzt, muß folgerichtig auch das Unzulängliche anerkennen.

Wie das Gute erst durch das Böse seine Wirkung erzielt und das Licht durch das Dunkel, so wird in Wien das Detail erst durch das Unzulängliche, Unvollendete zum Ereignis. Es gibt hier eben die Gasthäuser, in denen schauderhaft gekocht wird, aber eine einzige Spezialität des Hauses bringt es zuwege, daß sie jeden Abend gesteckt voll sind. Ein profaner Vergleich, aber nur scheinbar ohne Übergang zur hehren Welt des Künstlerischen. Dort wird es nämlich genauso gemacht: großartig im Detail, und vernachlässigt im Gesamten.

In Wien leben heißt in einer Stadt leben, in der sich die Vollendung nur herbeisehnen läßt, die unsere Phantasie beflügelt und uns nicht vor „vollendete" Tatsachen stellt. Die unsere Unzufriedenheit befeuert und uns nach Lösungen suchen läßt, die uns durch ihre Existenz an unserer eigenen Unvollkommenheit und Unvollendetheit nicht verzweifeln läßt und in der vieles Unvollendete in höchster Vollendung zu erkennen, zu erahnen ist.

Herrgott aus Stan

In Ottakring draußt, in an uralten Haus,
Hint im Hof, in der Speckbachergass'n,
Da is' g'lahnt, ganz verstaubt, seiner Zierde beraubt,
A Herrgott aus Stan so verlass'n.
I hab eahm entdeckt, und als Kind dort versteckt
Mei Kittröhrl und meine Stoll'n,
Denn die größern Buam warn auf die Stoll'n wie die Narr'n,
A 's Kittelröhrl hätten s' ma g'stohl'n.

Herrgott aus Stan, du nur allan,
Hast mich als Büaberl verstanden,
Hast mein Besitz immer beschützt,
Bist wie ein Freund davor g'standen.
Oft hab i g'want, mich an dich g'lahnt,
Denn Kindersorgen san groß.
Herrgott aus Stan, du nur allan,
Du warst mei anziger Trost.

Ja, des is scho lang her, von dem Haus steht nix mehr,
und Ottakring hat sich verändert,
Heut' wird überall baut, alles Alte zerhaut,
Auch die Menschen, die hab'n sich geändert.
Ich fahr öfters noch raus, denn mei Muatter wohnt drauß
Und wie i so hingeh zu ihr,
Da liegt ganz verlass'n, zerschlag'n auf der Straß'n,
Mei stananer Herrgott vor mir.

Herrgott aus Stan, i glaub wir zwa,
Hab'n uns noch rechtzeitig g'funden.
Hast mein Besitz immer beschützt,
Bin dir als Freund noch verbunden.
I trag di ham und pick di z'samm,
San deine Schmerzen a groß.
Herrgott aus Stan, du nur allan,
Du warst mei anziger Trost.

192
Ottakringer-Straße
35
Degen-G.
57
Brunnengasse
EINGANG
Gaullachergasse 21
14
Liebhartstalstr.
182
24
Wurlitzer-G.
91-93
2
Yppenplatz
Zum goldenen Kegel
Nro 8
16., An der Scheiben-
wiese
12
Redtenbacher-Gasse
Zugang zu
Gallitzinstr. 58B

Sagt ana Ottakring!

Sagt ana Ottakring,
dann bin i daham.
Für mi is Ottakring, was für an ander'n
Wana oder Lach'n is'.

Sagt ana Ottakring,
sich i so viel' Bilder vor mir,
di mi traurig und a glücklich mach'n.

Des Wort „Ottakring"
klingt in meine Ohren wie
Abrakadabra,
wia a Zauberwort aus meiner Kinderzeit.

Wien und seine Beziehung zu Ottakring

Die meisten Dinge auf der Welt lassen sich lokalisieren. Vom Zahnschmerz bis zum Brandherd, von der Ölquelle bis zum Epizentrum, vom Tathergang bis zur Höchstverschmutzung. Das Wienerlied läßt sich nicht lokalisieren, außer man gäbe sich mit einem Stammbaum zufrieden, der das gesamte Wien umschließt. Damit käme das Wienerlied allerdings zu manch zeugungsunfähigem Vater, denn es gibt weite Gebiete der Stadt, die keinen einzigen Ton zum Wienerlied beigesteuert haben. Doch man kann sich mit einer Hypothese behelfen, die eher dem Gefühl als der Forschung zuzuordnen ist, eher dem Hausverstand als der Wissenschaft, und die doch einiges für sich hat: Das Wiener Lied ist in Ottakring zum Wienerlied geworden.

Ottakring, 16. Wiener Gemeindebezirk — das schwarze Schaf einer Hausherrenfamilie, eine aus dem barocken Rahmen der Weltstadt gefallene Vorstadt, die nie den Ehrgeiz hatte, mehr als Vorstadt zu sein, und deshalb ein Dorf blieb. Die arme, aber lustige Verwandtschaft der k. u. k. Residenzstadt, an deren leichtsinnigem Treiben man sich amüsierte, die man dem Fremden gegenüber aber verschwieg. Ottakring — das hochbegabte, jedoch ledige Kind einer Mutter, die, geschmückt mit Kathedralen und Schlössern und umgürtet von einer Prunkstraße, alle günstigen Erbanlagen der Familie vor sich hertrug und alle ungünstigen nur an diesem Wechselbalg von Traurigkeit und Fröhlichkeit sehen ließ. Ottakring ist zum Symbol eines Wienertums geworden, zu dessen Glanz es wohl beigetragen, aber von dem es nichts abbekommen hat.

Alles, was außerhalb der Stadtgrenzen als rüde und rauh empfunden wird, und was in Wirklichkeit doch nur herb und unsentimental ist, wird mit dem Ottakringerischen identifiziert. Denn hier hat sich der vielgerühmte Charme, der seinen oberflächlichen Ausdruck im Küß-die-Hand-Sagen und dem Verteilen unverdienter Titel findet, nicht verfeinert. Oder, um es gröber zu sagen, er ist nicht degeneriert. Der Charme dieses Bezirkes und seiner Bewohner ist unverfälscht erhalten geblieben, hat sich über die Jahrhunderte bis in unsere Zeit herübergerettet und liegt vor dem Kenner offen zutage: ein Museum menschlicher Verhaltensweisen. Und so ist es nur allzu plausibel, anzunehmen, daß die Ingredienzen des Wienerlieds — Humor, Naivität des Ausdrucks, Wehmut, Fröhlichkeit, Sehnsucht — geistig diesem Gebiet entstammen. Abgesehen davon, daß die Klassiker dieses Genres sich zum Großteil hier angesiedelt haben, ist das Wienerlied in jedem Ottakringer Gasthaus, in jedem Wohnhaus, in jeder Parkanlage gegenwärtig: in Form von Gesprächen bei der Bassena, in Dialogen auf der Straße und in den Monologen an den Wirtshaustischen. Jeden Tag werden hier neue Wienerlieder geschaffen und jeden Tag alte Wienerlieder vergessen.

Ottakring hat einen grünen Rahmen, der aus dem Galitzinberg, dem Wilhelminenberg und vielen, vielen Schrebergartensiedlungen gebildet wird. Sein Häusermeer hat einen Zugang in die Natur. Ottakring hat Straßen, deren Häuser höchstens zwei Stockwerke erreichen, Kaufhäuser, in denen die Kunden noch beim Namen genannt werden, Höfe, in denen die Kinderwelt des Biedermeiers herrscht. Es hat Parkanlagen, in denen Tag für Tag die gleichen Leute sitzen. Das sind alles Voraussetzungen, die — mit einem Modewort zu sagen — die Kommunikation ermöglichen. Die Menschen kommen hier zusammen, und auch das ist ein Bestandteil der wahren Volksmusik. Denn Volkslieder können nicht in elfenbeinernen Türmen entstehen, man kann sie von keinen Computern errechnen lassen: sie wachsen aus den Menschen heraus.

Ottakring ist dem Natürlichen sehr nahe: in den Bäumen singen noch die Meisen, die Menschen in den Gassen grüßen einander, und die Kinder wissen, daß es Maikäfer gibt. In Ottakring gibt es noch diese und noch hunderte andere, wesentlichere Dinge, die den Humus für die Psyche abgeben: Ottakring — ein Prater für Gefühle.

In so an Hinterhof

In so an Hinterhof von aner Zinskasern,
Dort wo s' die Fleckerlteppich klopfen tan,
Dort lahnt a fesches Madl mit an jungen Herrn,
Sie träumen, daß s' im sieb'ten Himmel san.

Daß der Himmel so blau bleibt
Und daß s' niemand davontreibt,
Daß die Busserln, die süßen,
Sie net später verdriaßen,
Daß s' wie d' blühenden Bama,
Net das Frühjahr versama
Und daß immer beinand bleiben,
Sehn S', von dem tun sie trama.

Bei an Laternenpfahl an an gewissen Eck,
Dort wo die Hund die Haxerln heben in d' Höh',
Da lahnt a reifes Madl mit an ältern Herrn,
Erzählt eahm lauter Safaladischmäh.

Daß s' sonst a sündteure Katz is',
Weil um sie so viel G'riß is',
Dabei hat s' schon seit Wochen
Ka Naturschnitzel g'rochen.
Doch weil i auf di steh,
Spiel i heute a groß' Weh,
Du i mach 's um a Suppen.
Sehn S', das san ihre Hausschmäh.

In so an Hinterhof von aner Zinskasern,
Wo d' Leut des Holz im Winter hacken tan,
Dort kniet a klanes Madl, tut kan Menschen g'hören
Und schaut zum Himmel auffe ganz verwant.

Weil die Wolken so schwarz san,
Und die Stana so hart san,
Weil die Eltern schon tot sind,
Und sie nirgends a Brot findt.
Weil a Hund, so a klana,
Nimmer kriegt seine Bana
Und weil s' ka Engerl net mitnimmt,
Sehn S', wegen dem tut sie wana.

Bleib steh'

Wannst von der Kreuzeichenwies'n
durch'n Wald zur Feuerwehr gehst,
triffst oft Pensionist'n,
die a Voglfuada strah'n.

Bleib steh'
und schau zua, wia
die Meis'n und Spatz'n
zuatraulich aus der Hand,
von so an Voglfreund,
Brotbröseln zupf'n.

Vergiß — daß'd murg'n
in d' Hak'n geh muaßt,
wannst von der Kreuzeichenwies'n
durch'n Wald zur Feuerwehr gehst.

Wien und sein langer Abschied

Das Wienerlied ist voll von Todessehnsucht. Dieses Faktum wird häufig belächelt. Vom „Kinder, für mich braucht's ka Trauerg'wand...“ bis zum „Wann i amol stirb...“ atmet eine Unzahl von Wienerliedern den Hauch von Friedhof, Leichenschauhaus und Beerdigung. Das heißt, daß in seinen fröhlichsten Stunden dem Wiener der Tod präsent ist. Doch es heißt nicht, daß dieses Kokettieren mit der letzten Stunde nur ein Beitrag ist, um die Rührseligkeit der Texte noch um ein Quentchen zu erhöhen oder den Tränenfluß der Zuhörer zu verstärken. Nein, dieses Vertrautsein mit dem Tod entspricht der inneren Einstellung des Wieners, die zum Beispiel den Sterbeklub „Wiener Verein“ zum größten des Landes gemacht hat. Und so paradox es klingen mag, es ist dies ein Signum für die Daseinsbejahung des Wieners, der angesichts des Todes erst das Leben zu schätzen weiß. Der sich bewußt ist, daß er die fröhlichen Stunden auf Erden genießen muß, ehe ihn der Tod hinwegrafft, und für den jede Stunde voller Glück ist, solange sie ihm nicht schlägt. Da aber jedes Volkslied ein Spiegelbild des Lebens eines Volkes sein soll, so trägt das Wienerlied diese vielen Gedanken an den Tod in sich.

Dieses Spiel mit dem Tod hat allerdings nichts Trauriges an sich. Es regt zum Genuß an, aber berührt nicht. Die Traurigkeit des Wienerlieds schöpft aus anderen Motiven, in allererster Linie auch aus dem Motiv der Vergänglichkeit, doch nicht einer Vergänglichkeit, die den Tod mit einschließt. Die dahinschwindende Jugend, das Sterben einer großen Liebe, das Erwachsenwerden, das Ende eines Blütenfrühlings, der Verlust einer Freundschaft — das sind die Dinge, die einen Großteil der Wienerlieder so traurig machen. Es sind lauter Abschiede, die nur in verschiedenen Versionen auftreten. Und weil jeder Abschied auch ein bißchen Sterben enthält, kommt erst auf diese Weise ein Tod in die Nähe des Wienerlieds, der ernstgenommen wird.

Daß die Traurigkeit im Wienerlied eine große Rolle spielt, ist nicht ungefährlich. Denn gerade hier kann eine nur um eine Spur gröbere Dosierung den gegenteiligen Effekt erzielen. Das Abstecken der Grenzen der Traurigkeiten muß ganz genau sein, weil jenseits der Grenze der Kitsch liegt. Darum enden viele dieser Lieder, die berühren sollten, in der Rührseligkeit.

Es ist kein masochistischer Trieb, der die Wiener zum Anhören der traurigen Lieder verleitet. Es ist das Bedürfnis, die Gefühle, die im Alltag versteckt bleiben, zeigen zu dürfen. Es sind, und dies darf bei aller Wertschätzung für die traurigen Wiener Lieder gesagt werden, nicht immer die echtesten Gefühle, die hier demonstriert werden: das Lied wird zum Ventil der auf dem emotionellen Sektor nicht Ausgelasteten. Der Schmerz, der hier zum Tragen kommt, gilt in erster Linie nicht den im Lied geschilderten Menschen, sondern der eigenen Person. Die der Phantasie entsprungenen Leidenswege und Schicksalsschläge werden gleichnishaft zum Besitz des Zuhörers. Aus diesem Grund haben gerade die larmoyantesten Texte die größten Erfolge. Aber sie ersparen den Gang zum Psychiater.

Die Traurigkeit im Wienerlied kann allerdings auch zum Echtesten gehören, das das Wienerlied zu bieten hat. Die Fröhlichkeit, die im Wienerlied herrscht, ist immer mit etwas Pessimismus, im besten Fall mit Skepsis, versetzt. Denn sofern es sich nicht um Albernheiten oder Einfältigkeiten handelt, die den Text dominieren, ist die Fröhlichkeit des Wieners begrenzt. Er weiß, daß die Heiterkeit im Handumdrehen entweichen kann, in Sekundenschnelle, mit dem nächsten Viertel Wein, mit dem nächsten bösen Wort. Der Beginn des Angeheitertseins kann der Heiterkeit bereits ein Ende machen. Die Traurigkeit jedoch kann ohne Ende sein. Darum gibt es auch so viele traurige und so wenig fröhliche Menschen.

Das traurige Wienerlied lüftet ein wenig die Masken, die die Menschen vor dem Gesicht tragen. Es läßt sie für Augenblicke fühlen, daß sie noch imstande sind, fühlen zu können.

Es ist wichtig, den Menschen zu zeigen, daß sie zum Lachen fähig sind. Aber hin und wieder sollte man ihnen auch ihre Fähigkeit zu weinen in Erinnerung rufen.

HEISSE WURST

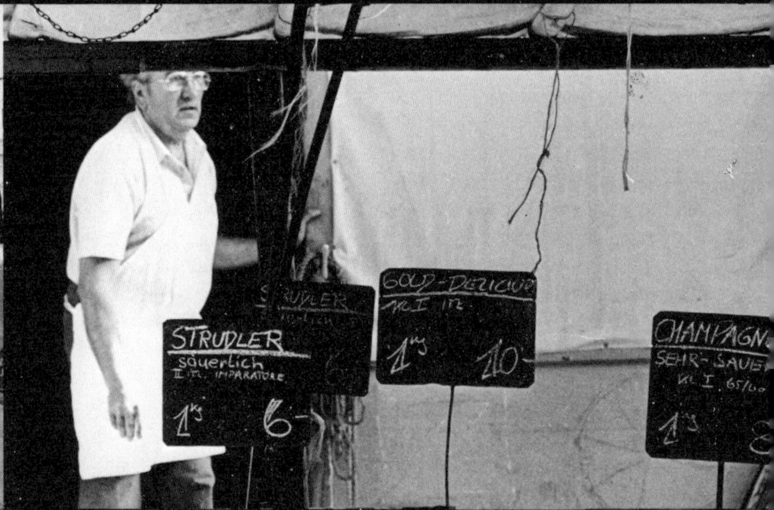
STRUDLER
säuerlich
1kg 6-
1kg 10-
CHAMPAGN

Frische
Steirische

GRIECH. Kl. I
MARILLEN
1 Kilo 18-
MELONEN
1 Kilo 10
6 PIECES

Der Brunnenmarkt!

Der Brunnenmarkt is immer voller Leut'!
Den kan nie fad werd'n.
Seine Standl'n schreien und machen Buckerln,
zeig'n eana War'
heut' so wia vor 30, 40 Jahr.
Freilich, damals hat's kane Perlonsocken z'kaufen geben,
höchstens Stiefelfetz'n und krowodische Kopftücheln
in alle Farb'n.
Aber d' Äpfel und Birn', de warn frisch poliert
scho damals z'krieg'n.

Doch von alle Standl'n
is ans die Königin,
und zwar:
wannst durch die Brunnengass'n
zum Yppenplatz gehst,
do riachst das scho von weit'n,
de Burnhax'n, de hasse,
de mit'n scharfen Kren, de unschlagbare, de,
de was a mi am Brunnenmarkt ziagt.

Wann der Löwenzahn blüaht!

Wann der Löwenzahn blüaht
pfeift des Frühjahr a Liad
aus an Schnabel ana Schwalb'n.

Und des Liad klingt so echt
daß ma's obbussl'n möcht.
Nach an Winter, voller Schnee.

Wien und seine Lieder

Das Wienerlied hat seine Feinde. Das ist nicht weiter schlimm, denn diese Feindschaft bezieht sich eher auf die Schöpfer, Anhänger und auf den Standort des Genres. Die Gegnerschaft beruht also eigentlich auf der Feindseligkeit jenen gegenüber, die mit diesem Lied identifiziert werden. Touristenmassen, Negativeinstellungen gegenüber dem sogenannten Wasserkopf, Minderwertigkeitskomplexe des von der Metropole Entfernten und noch viele andere Dinge — die hier nicht weiter untersucht werden sollen — lassen in manchen Ohren das Wienerlied dissonant klingen. Ablehnung somit, ohne darüber diskutieren zu wollen. Das Wienerlied ist häßlich. Punktum.

Das Wienerlied hat sein Nicht-Auditorium. Das ist auch nicht schlimm, denn dieses Nicht-Auditorium wird aus jenen gebildet, die sich für zu vornehm dünken, um einmal eine Sekunde lang auch nur ein halbes Ohr einem Vierteltakt von Wienerlied zu schenken. Musikvereinsabonnenten sind darunter, Wagnerianer, Free-Jazz-Liebhaber und gewiß auch Menschen, die noch nie mit einem Musikstück außer der Bundeshymne konfrontiert worden sind. Es ist keine politische und keine klassengebundene Gruppierung, sondern eine Gruppierung des Vorurteils. Verbunden mit dem Ruch des Vorstädtischen, der Tradition des Ordinären, der Fröhlichkeit der Trunkenen und der Rührseligkeit der Armut, kommt das Wienerlied nie in Diskussionsnähe heran. Das Nicht-Auditorium bleibt ein Nicht-Auditorium.

Das Wienerlied hat seine Freunde. Und das ist mitunter schlimm. Denn es ist zumeist eine universelle Freundschaft, die keinen Unterschied zwischen Gut und Böse macht. Sei es aus Patriotismus oder Chauvinismus — diese Dinge liegen ja nah beieinander —, sei es aus der Stimmung der Weinseligkeit, der stimulierten Glückseligkeit heraus, sei es aus angeborener Kritiklosigkeit oder aus ungeborener Musikalität, sei es aus Erziehung oder aus Nostalgie — diese Freunde lieben das Wienerlied ohne Einschränkung. Sie lauschen bereits beim Stimmen der Violinen verklärt, sie haben — um es mit den dem Thema entsprechenden falschen Bildern zu illustrieren — das Herz auf der Zunge und am Ohr, sie ziehen auf den Flügeln der falschen Gefühle in ein Schrammel-Nirwana — sie geben sich hin.

Und wie es mit der Hingabe schon so ist: der Verstand läßt sich umnebeln, die Urteilsfähigkeit schwindet, und mit Folgen ist zu rechnen. In diesem Fall hat sie bewirkt, daß eine ganze musikalische Richtung in Verruf geraten ist. Wenn bei vielen Menschen der Eindruck entstanden ist, daß das Wienerlied eine minderwertige künstlerische Ware darstellt, so ist es vor allem die Schuld jener, die kritiklos jedes Wienerlied entgegengenommen haben, als ob es Gold wäre.

Unter zehn Wienerliedern gibt es neun, die es nicht verdienen, einen Heurigenabend zu überleben. Wieviel Schindluder da getrieben worden ist mit einfältigen, dem Schlagerkommerz entlehnten musikalischen Ideen, die einander wie ein Ei dem anderen gleichen! Welche Verschwendung da Platz gegriffen hat mit geheuchelten Gefühlen, wie da die bacchantische Seligkeit in allen Schattierungen immer wieder abgewandelt wurde, welch enger Themenkreis es war, in dem die Scharlatanerie und der Dilettantismus tanzten! Man mußte zwangsweise zu der Meinung kommen, es gäbe in Wirklichkeit nur ein einziges Lied, und jedes andere wäre eine mißglückte Version davon. Die musikalischen Bäder in Wein, Schmerz, Lustigkeit und Rührseligkeit wurden täglich gewechselt, aber der Inhalt blieb der gleiche. Und jeder, der am Vorhaben scheiterte, ein Inserat oder ein Geburtstagsgedicht zu verfassen, fühlte sich stark genug, ein Wienerlied zu schreiben. Und was am erstaunlichsten daran war: es wurde vom Publikum honoriert.

Das Wienerlied kann allerdings auch etwas Großartiges sein. Unsere großen Tonschöpfer — Haydn, Schubert, Strauß —, sie hatten keine andere Basis für ihre Kompositionen als die guten Komponisten des Wienerlieds. Sie schöpften genau wie diese aus dem riesigen Reservoir des Volkslieds. Und so sollte es keineswegs als unangemessen angesehen werden, wenn der Wunsch wach wird, auch die guten Wienerlieder im Konzertsaal hören zu dürfen. Von echten Volksmusikern gebracht — nicht von den Göttern des musikalischen Establishments, die sich einmal im Jahr bereit finden, vom Olymp herabzusteigen und einem ausgewählten Publikum ihre Vorstellungen von einem Wiener Volkslied nahezubringen.

Das Wienerlied hat sich unter den Händen von zahllosen, meist anonymen Musikanten der Vorstadt, in den weindurchflossenen Kehlen hunderter Amateursänger bis in unsere Tage weiterentwickelt. Es ist zum Unterschied von vielen anderen Richtungen des musikalischen Spektrums nie aus der Mode gekommen. Solange es Wien gibt, wird es wohl auch ein Wienerlied geben. Ein echtes — und ein unechtes.

Ernst Weber

Das Wienerlied zwischen Heurigenseligkeit und Volkspoesie

Die Wiener Musik und im engeren Sinn das Wienerlied gehören zu den Musikgattungen, die in der allgemeinen Meinung am widersprüchlichsten vertreten sind: von den einen als emotionell ergreifende, volkstümliche Musik verehrt, von den anderen als rührseliger Anachronismus in Bausch und Bogen verdammt, ist das Wienerlied auf jeden Fall im Bewußtsein breiter Bevölkerungsschichten verankert. Für gewöhnlich werden unter dem Begriff „Wiener Musik" sehr viele musikalische Ausdrucksformen verstanden. Ohne vorerst näher darauf einzugehen, muß ganz allgemein gesagt werden, daß es sich bei der Wiener Musik um einen durch eine Fülle von Merkmalen charakterisierten lokalen Musikstil handelt, der nicht auf eine ganze Landschaft, sondern auf den engen Raum einer einzelnen Stadt bezogen ist.

Dieses Phänomen gewinnt dadurch an Bedeutung, daß dieser örtlich so begrenzte Musikstil in der gesamten westlichen Welt so berühmt ist wie kaum die Musik irgendeiner anderen Stadt. Eigentlich gibt es dazu nur eine Parallele, die Urform der Jazzmusik in New Orleans. Sicherlich sind beide Musikformen kaum vergleichbar, und es ist bisher auch noch nie der Versuch unternommen worden, eventuelle Parallelen zu untersuchen. Was sich selbst bei ganz flüchtiger Betrachtungsweise aufdrängt, ist die Tatsache, daß beide Städte sich zum Zeitpunkt der Entwicklung ihres Musikstils am Schnitt- und Berührungspunkt sehr verschiedener Kulturen befanden und gewissermaßen als Schmelztiegel kultureller Einflüsse gesehen werden können, aus denen jeweils Musizierformen entstanden, die sich von denen der umgebenden Regionen deutlich abhoben.

Gerade in den letzten Jahren ist das Interesse an der älteren Form der Wiener Musik wieder angestiegen, hat einerseits zu einer kleinen Renaissance ursprünglichen wienerischen Musizierens geführt und anderseits neue wienerische Ausdrucksformen entstehen lassen.

Wir wollen aus der Fülle dessen, was musikalisch als wienerisch betrachtet werden kann, diejenigen Formen herausheben, die dem volkstümlichen Singen und Musizieren entspringen.

Die Geschichte der Wiener Volksmusik

Das Volkslied verfügt in Wien über eine lange Tradition, die bis ins Mittelalter zurückreicht. Trotzdem ist es nicht sinnvoll, so weit zurückzugreifen, wenn es darum geht, die Entwicklung zum heutigen Wienerlied aufzuzeigen.

Die für heute relevanten Stilmerkmale begannen sich erst in der ersten Hälfte des 19. Jahrhunderts herauszubilden, und sinnvollerweise setzt die Betrachtung im biedermeierlichen Wien ein. An allen Ecken und Enden der Stadt gehörte damals noch bodenständige Musik zum Alltagsleben ihrer Bewohner.

Auf den Plätzen, in den Höfen sangen und spielten Kinder nach uralten Kinderliedern, Auszählreimen, Spott- und Lügenliedern, wie sie später kaum noch zu hören waren. Die Kaufrufe der wandernden Händler und Handwerker waren überall in den Straßen zu hören: Hausierer, Pfannenflicker, Bandelkramer, Vogelkramer, Rastelbinder, Hendlkramer und Verkäufer unzähliger anderer Waren aus allen Teilen der Monarchie.

Wenige dieser Typen haben sich in das 20. Jahrhundert herübergerettet, manche von uns haben noch einige von ihnen mit eigenen Augen gesehen und ihre Rufe gehört: die Lumpen- und Hadernsammler, die

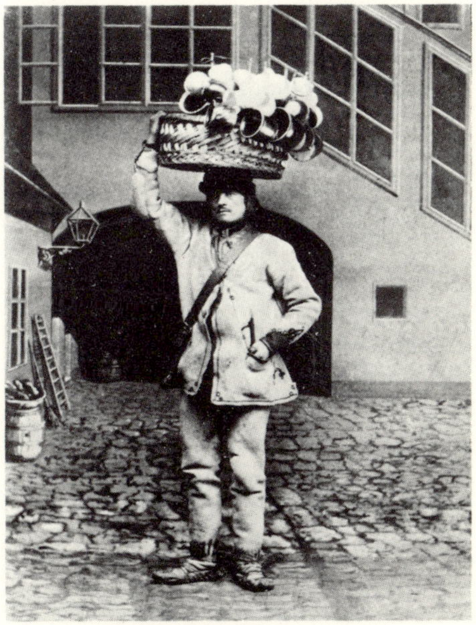

Ausgestorbene Alt-Wiener Berufe, wie der des Rastelbinders und des Häferlverkäufers, beeinflußten mit ihren Verkaufsrufen die Volksmusik.

Scherenschleifer, die Obstpracker und vor allem die Lavendelweiber, die mit ihren zweistimmigen Gesängen von allen Volkstypen am meisten zur wienerischen Volksmusik beigetragen haben. Die höchst melodische Anpreisung ihrer Ware wurde vom Volk zu Liedern verarbeitet, von denen sich die „Lavendelg'stanzeln" bis heute erhalten haben.

Eine wichtige Rolle für das volksmusikalische Leben spielten damals auch die Bänkelsänger, die ihre Balladen und Schauergeschichten auf den Straßen, aber auch in den Bierlokalen der Stadt und in den Heurigenschenken der Vororte vortrugen. Auf diese Weise wurden Lokalereignisse kolportiert und unter dem Volk verbreitet. Bekannte Melodien wurden mit den entsprechenden Texten versehen und die Ereignisse durch Bildtafeln veranschaulicht. Zur Zeit des Vormärz waren allerdings die zeitpolitischen und sozialen Inhalte durch die Zensur aus den Gesängen verbannt und mehr durch sentimentale Geschichten und relativ harmlose Lieder verdrängt. Es kann aber angenommen werden, daß gerade im Volksgesang viele Möglichkeiten offenstanden, die Bestimmungen der Zensur einfach zu umgehen. So waren die Bänkelsänger für die Analphabeten unter der Bevölkerung Überbringer aktueller Nachrichten und ein Ersatz für die Zeitung. Ihre Lieder wurden aber auch in gedruckter Form verbreitet.

Schon seit dem 18. Jahrhundert verkauften sogenannte Liederweiber Flugblätter mit den Liedtexten und sangen die Melodien bei Bedarf dem Publikum vor. Diese Liedflugblätter waren die Vorläufer der ab etwa 1830 eingeführten Kupferstiche, die neben einer bildlichen Darstellung den Text und später auch die Noten enthielten. Diese „Fünfkreuzerblätter" verschafften im ganzen vorigen Jahrhundert dem volkstümlichen Lied seine Verbreitung. Bis in unsere heutige Zeit gibt es noch die kleinen „Volksausgaben" der Wienerlieder, denen aber jede Spur der künstlerischen Qualität jener Kupferstiche verlorengegangen ist.

Urbild des Wiener Volksmusikanten ist der liebe Augustin.
Liederweiber verkauften an den Ecken die „Fünfkreuzerblätter".

Die interessantesten Persönlichkeiten des Volksgesangs jener Zeit waren aber wahrscheinlich unter den Harfenisten zu finden. Sie traten wie die Bänkelsänger in den Lokalen der unteren Volksschichten auf und sammelten nach ihren szenischen Darbietungen und Liedern unter den Zuhörern ab. Die Harfenisten werden in den traditionellen Abhandlungen über die Geschichte des Wienerlieds äußerst abfällig behandelt. Ihre Lieder werden mit dem Niedergang des Volkslieds identifiziert, deren Inhalte als zweideutige Zoten abgetan, und es wird mit Genugtuung darüber berichtet, daß dem Treiben dieser Art von Volksmusikanten schließlich Grenzen gesetzt wurden. Das Musizieren wurde an eine behördliche Genehmigung gebunden, und die kleinen Gruppen von Harfenisten, die für ihre „Gesellschaft" eine Lizenz anstrebten, mußten sich einer Überprüfung ihrer Musikvorträge unterziehen.

Eine wesentliche Rolle spielte dabei ein Mann, der in den Annalen des Wienerlieds als großer Reformator des Volksgesangs gepriesen wird, Johann Baptist Moser. Er ersetzte die volkstümlich-derben Texte der Harfenisten durch sprachlich ausgefeilte, moralisch überladene Verse und erwarb sich damit rasch das Wohlwollen der gesellschaftlich höheren Schichten und der Obrigkeit, die ihn alsbald zum Juror über die sich bewerbenden Harfenistengesellschaften einsetzte. Johann Baptist Moser nannte sich und seine Kollegen erstmals „Volkssänger", führte einen Eintrittspreis anstelle des

Absammelns ein und übersiedelte selbst in die etwas vornehmeren Lokale, wo ein einfaches Podium aufgestellt wurde, auf dem die Sänger und ein Klavier, das ab nun die Stelle der Harfe einnahm, Platz hatten.

Musikalisch war Moser dem Theaterlied verpflichtet, das im Wien des Biedermeier in den gehobenen Schichten eine große Rolle spielte, aber rasch auch den Weg ins Volk fand, wo es die Volkssänger verbreiteten. Die Schöpfer des Theaterliedes bezogen Melodien und Texte wiederum aus volkstümlichen Quellen, so daß hier eine ständige Wechselwirkung stattfand. Die Lieder und Couplets eines Wenzel Müller haben nicht zuletzt durch die Stücke Ferdinand Raimunds ihren Platz im Wiener Musikleben bis heute bewahrt.

Was allerdings damals wirklich im Volk populär war, ist uns in viel geringerem Maß erhalten geblieben. Jedenfalls spielte die Musik der Harfenisten eine wesentlich bedeutendere Rolle für die spätere Entwicklung der wienerischen Volksmusik, als ihr von den Chronisten zugebilligt wurde. Schichtspezifische Vorurteile sind als Hauptursache für die Verkennung dieser Tatsache anzusehen. Nur daraus ist erklärbar, daß ein J. B. Moser sich unsterblichen Ruhm verschaffen und sein schwülstiges Pathos, seine gekünstelten, mit Fremdwörtern gespickten Texte als Ausdruck Wiener Volkstums in die Geschichte der Wiener Musik eingehen konnten.

Nach Moser ist die Entwicklung der Wiener Volksmusik jedenfalls in zwei getrennten Bahnen verlaufen, die sich zwar durch die Vielseitigkeit einzelner Persönlichkeiten immer wieder kreuzten, sich aber im Grund doch auf verschiedenen musikalischen und gesellschaftlichen Ebenen bewegten.

Die eine Seite wird durch die Wiener Volkssängergesellschaften repräsentiert, die die Nachfolge Mosers antraten. Sie entwickelten sich sehr rasch wieder weg vom Moralismus Mosers zu einer volkstümlicheren Ausdrucksform, was bezeichnenderweise in allen bisherigen Darstellungen als „Abstieg des Volkssängertums" apostrophiert wird. Die Volkssängergesellschaften veranstalteten ihre Soirées in den Gasthäusern der Innen- und der Vorstadt oder in den Etablissements der Vororte auf Bretterpodien und später in

Johann Baptist Moser.

Die Harfenisten waren die Väter des echten Wiener Volksliedes, später übernahm der Klavierspieler die Begleitung der Sänger. Rechts unten: Johann Baptist Moser.

den Singspielhallen und auf Varietébühnen. Sie vermengten in ihren Programmen Prosavorträge, komische Szenen, Couplets und Lieder. In ihrer Programmfolge fanden sowohl der Volksschauspieler als auch der Volkssänger ihren Platz. Die Geschichtsschreibung hat sich dieser Gruppe von Volkssängern sehr ausführlich angenommen. Namen wie Johann Fürst, Carl Kampf, Antonie Mansfeld, Fanny Hornischer, Louise Montag und Edmund Guschelbauer sind bis heute berühmt. Jede dieser Persönlichkeiten war sicherlich auch für die Volksunterhaltung ihrer Zeit ungemein wichtig. Die Bedeutung dieser Gruppe von Volkskünstlern für die Entwicklung des späteren „Wienerliedes" wird aber zweifellos überschätzt.

Die weitaus bedeutendere Entwicklungslinie der wienerischen Volksmusik war nicht auf den Bretterbühnen der Vergnügungsbetriebe, sondern in den Buschenschenken und Heurigenlokalen der Vororte Wiens beheimatet, die damals noch inmitten der Weingärten, also im rein ländlichen Bereich, lagen. Dort entwickelte sich jene Instrumentalmusik, die später in der sogenannten „Schrammelmusik" den Höhepunkt ihrer Entwicklung fand.

Etwa an der Wende des 19. Jahrhunderts entstand die Institution des Heurigen in seiner heutigen, bekannten Form. Die hauptwörtliche Verwendung des Wortes „Heuriger" für Schankbetriebe, die den „heurigen" Wein ausschenken, setzt um 1800 ein.

Seit dem Mittelalter war der Wein schon eine der wichtigsten Einnahmequellen der Wiener Bevölkerung gewesen, und auch der grüne Buschen vor dem Tor datiert aus dieser Zeit. Aber erst um die Wende vom 18. zum 19. Jahrhundert, zur Zeit der musikalischen Ursprünge des Wienerlieds, erfuhr der Hang des Wieners der unteren und mittleren Schicht, aus der Stadt hinaus aufs Land zum Heurigen zu fahren, seinen ersten Höhepunkt. Es war dann in der Folge nur eine natürliche Entwicklung, daß an den Stätten, wo die Leute gesellig zusammenkamen, auch Musikanten und Sänger eine Erwerbsquelle suchten und fanden.

Vor allem war es die ländliche Volksmusik aus dem Raum um Wien, die hier gepflegt wurde, die Ländler und Tänze aus Niederösterreich, aus dem Steirischen und aus Oberösterreich, die auf verschiedenste Art den Weg nach Wien fanden. Zum Teil durch die Zuwanderung der Bevölkerung aus ländlichen Gebieten in die Reichshauptstadt, zum anderen Teil

Saal-Lokalitäten „zum rothen Hahn"

Karl Kampf
mit seiner Gesellschaft

1. „Die Sehnsucht nach der Alm", Duett von Kampf.
2. „Wann mi wer fragen thät."
3. „Mein zu früher und zu später Lebenslauf" von Kampf.
4. „Die Conversation im Trattnerhof" oder „Drei Werkelmänner", komische Scene von Kampf.
5. „Ist das praktisch", Couplet.
6. „Moulinet-Polka" } Duette von Kampf.
7. „Mazur-Polka" }
8. „Der kecke Wiener, der flegmatische Berliner und der gute Böhme auf Reisen" } komische Scenen von Kampf.
9. „Die Conversation im Bierhausgarten" oder „Der reiche Seilermeister" }
10. „Couplet".
11. „Die Muatta hat's guat" von Kampf.
12. „Theaterfreund und Dorfkomödiant", komische Scene von Kampf.
13. „Mei klani Nani", Scherz-Duett von Kampf.
14. „So is und so bleibts" von Harrisch.
15. „Die Conversation im Bodenzimmer", komische Scene von Kampf.
16. „Couplet".
17. „Die Afterparteien" oder „Sandbauer und Confortable", komische Scene von Kampf.

Anfang 6 Uhr **Entrée 25 Kr. oe. W.**

Mittwoch: „beim Sperl". **Donnerstag:** „beim grünen Thor", Rofranogasse. **Freitag:** „beim Wedl", Landstraße. **Samstag:** „zur Bretze" in Neulerchenfeld. **Sonntag:** Wagner's Saal-Lokalitäten „zum Engländer". **Montag:** „Hotel schwarzer Bär", Taborstraße.

In den Soiréelokalen wurden nicht nur Lieder gesungen, sondern auch meist komische Szenen von bekannten Volksschauspielern dargestellt. Ein Programm gastierte in verschiedenen Lokalen, im „Grünen Tor" oder beim „Rothen Hahn".

durch den vermittelnden musikalischen Einfluß der durchziehenden Fuhrleute, die in der Volksliedldichtung überhaupt eine wesentliche Rolle spielen, sowohl was die Kreation als auch was die Verbreitung der Lieder anlangt. In einem alten Volkslied heißt es zum Beispiel:

Vom Oberland kommen die Schiffleut daher
Zu uns auf der Donau nach Wean.
Da kann ma mitunter, wann's guat aufg'legt san,
Eanare Leibjodler hör'n.
(„Die lustigen Fuhrleut", 1. Hälfte des 19. Jahrhunderts)

Viele Heurigenmusikanten und Volkssänger entstammten selbst dem ländlichen Milieu der Wiener Vororte mit einer ebenso ländlichen Musiktradition, und so ist es ganz natürlich, wenn in ihren Liedern alpenländisches Musikgut mit wienerischen Einflüssen verschmilzt. Etwa im Text des von den Weinhauern des Liebhartstals wienerisch adaptierten Dreiklangjodlers:

Wann der Schnee von der Alma weggageht
Und im Fruajahr wiederum alles grean dasteht,
Wann's im Liebhartstal draußen läut'n tan,[1]
Da gengan alle, alle Buama ham.
(„Wann der Schnee von der Alma weggageht", gesungen von den Gebrüdern Matauschek um 1900)

1 Gemeint ist das Läuten der Mittagsglocke für die Weingartenarbeiter

Die Volkssänger beim Heurigen begleiteten sich entweder selbst oder ließen sich von verschiedensten Instrumenten begleiten. Bestimmend für die instrumentale Praxis wurde das Vorbild der „Linzer Geiger", die, aus Oberösterreich kommend, das Ländlermusizieren ihrer Heimat in Wien weiterpflegten. Ihre Instrumentalbesetzung mit zwei Geigen und einer kleinen Baßgeige war für das Wiener Musizieren zwar nichts Neues, ganz ähnliche Besetzungen spielten schon am Ende des 18. Jahrhunderts in den berüchtigten Schenken am Spittelberg auf; von nun an beeinflußte aber der Ländler immer mehr das Heurigenmusizieren. Die Gitarre, vor allem in der Abart der 9- bis 16saitigen Kontragitarre, ersetzt sehr bald (erstmals bei Johann Schmutzer) den Kontrabaß. In der charakteristischen Terzettbesetzung mit zwei Geigen und Kontragitarre wächst das wienerische Instrumentalspiel zu der virtuosen Form der „Weana Tanz" heran.

Die „Weana Tanz" der Volksmusikanten der folgenden Jahrzehnte sind durch die vielfachen Einflüsse, die in der Reichshauptstadt wirksam wurden, geprägt. Von der Grundstimmung her sind „Weana Tanz" eine erstaunliche Mischung aus Leichtsinn und Schwermut, aus Fröhlichkeit und Todesahnung. Musikalisch betrachtet, dominieren ebenso die Kontraste. Extreme Melodiosität steht neben den aus der Stimmführung der beiden Geigen entstehenden Dissonanzen. Behutsam anschwellende Dynamik, sukzessive Tempobeschleunigung, Wechsel der Modalität entsprechen den stimmungsmäßigen Kontrastwirkungen. Virtuose Instrumentalisten, wie Alexander Katzenberger, Johann Schmutzer, Johann Mayer, Anton Debiasy, Josef Turnofsky, Vinzenz Stelzmüller, Josef Weidinger und Alois Strohmayer, faßten die Volksmelodien zu mehrteiligen Kompositionen zusammen, führten sie bei Wettbewerben in den Vororte-Etablissments einem begeisterten Publikum vor.

Und während das Jahr 1848 auch in der Geschichtsschreibung der Volksmusik eine einschneidende Wende darstellt, von der an die

Das Ensemble der Brüder Matauschek gehörte zu den Lieblingen der Wiener Liebhaber der Volksmusik.

lebendige Volksmusik innerhalb der Wiener Stadtmauern abstarb, blühte die Volksmusik draußen in den Vororten weiter.

Sie fand ihren vielbejubelten Höhepunkt in der Musik der Brüder Schrammel, die dem Musikstil den endgültigen Namen gaben. Ob die „Schrammeln" wirklich als Virtuosen eine so überragende Rolle spielten, wie es uns von den Chronisten überliefert ist, kann man nicht mit Sicherheit feststellen. In ihrem Repertoire finden wir jedenfalls alle bis dahin entwickelten Formen der wienerischen Musik: die „Tanz", den Heurigenmarsch, der ebensowenig zum Marschieren geschaffen war wie die „Tanz" zum Tanzen, das Lied, die aus dem weiten Raum der Monarchie eingeschleuste Polka in verschiedenen Spielformen — und den Walzer, der parallel zu den „Tanz" seine Eigenentwicklung aus dem Ländler genommen hatte und dessen hauptsächliche Bedeutung sich auf den Bereich der Ballmusik erstreckte.

Wohl die bekanntesten Volksmusiker waren die berühmten „Schrammeln", hier gezeichnet von einem zeitgenössischen Verehrer.

Im Quartett der Brüder Schrammel findet die kleine G-Klarinette Eingang und wird von da an von allen puristischen Schrammelmusikverfechtern als einzig und allein authentisch für die Schrammelquartett-Besetzung betrachtet. Als typisches Ländlerinstrument war die Klarinette in allen ihren Abarten ebenso wie verschiedene ähnlich klingende Holzblasinstrumente, Flöten und Pfeiferln, die allesamt im Wienerischen als „Picksüaße Hölz'ln" bezeichnet wurden, zur Zeit der Brüder Schrammel und auch späterhin bis in die zwanziger Jahre unseres Jahrhunderts in der wienerischen Volksmusik weit verbreitet. Die G-Klarinette Dänzers war hingegen ein seltener Einzelfall. Ihr Ersatz durch die Ziehharmonika nach dem Tode Dänzers war sicherlich keine Erfindung der Schrammeln, da dieses Instrument in seiner chromatischen Ausführung seit der Mitte des Jahrhunderts in Verwendung stand.

Wer nur einigermaßen die Vielfalt der Instrumentalkombinationen kennt, die in der Wiener Volksmusik tatsächlich Verwendung fanden, wird sich wahrlich nicht um die Lösung der Streitfrage der Authentizität der G-Klarinette oder der Harmonika bemühen. Selbst auf Schallplattenaufnahmen unseres Jahrhunderts tauchen neben den klassischen Instrumenten (Geige, Harmonika, Gitarre) noch B-Klarinetten, Pfeifferln, Okarinas, Zither und Posthörndl auf.

Das eigentliche große Verdienst, das die Brüder Schrammel so einzigartig erscheinen ließ, war aber die Tatsache, daß sie erstmals den Stand der Volksmusikanten auf eine höhere gesellschaftliche Ebene hoben, indem sie die Aufmerksamkeit des Hofes, des Adels und der damaligen Künstlerprominenz auf sich lenkten. Die

Salonfähigkeit der Wiener Volksmusik wurde durch die Schrammeln erst eingeleitet, obwohl natürlich auch schon vor den Brüdern Schrammel die Volksmusik vor den Toren Wiens nicht allein die Unterhaltung der untersten Schichten gewesen war. Das Bürgertum und jene Individualisten, die es zu jeder Zeit und in jeder gesellschaftlichen Gruppe gibt, hatten in demselben Ausmaß daran Anteil genommen, wie sie es am Volksleben der Kirtage oder des Heurigen taten.

Die zweite Hälfte des 19. Jahrhunderts wird aber auch von anderen musikalischen Einflüssen mitbestimmt, die für die weitere Entwicklung der wienerischen Musik sehr entscheidend sein sollten. Die Popularität der Operette und des — nach heutigen Begriffen schlagerhaften — populären Liedes führte einen Schritt weg vom volkstümlichen wienerischen Ausdruck. Von da an stoßen

Johann Schrammel in einer seiner berühmten Duoszenen.

wir immer wieder auf Mischformen des wienerischen Liedes mit dem „operettenhaften" Lied. Zwischen beiden ist keine exakte Grenze zu ziehen.

Erst jetzt entwickelte sich in Wechselwirkung zwischen verschiedenen Musikstilen — dem Wiener Volkslied, dem ländlichen Volkslied, den Wiener „Tanz", der „Schrammelmusik", dem Walzerlied und dem Couplet der Volkssänger der eigentliche Typus des Wienerlieds, wie wir es heute noch kennen.

In seiner klassischen Ausprägung, die in die Zeit zwischen 1880 und 1930 fällt und vornehmlich mit Namen wie Johann Schrammel, Johann Sioly, Carl Lorens, Ludwig Gruber, Rudolf Kronegger, P. F. Fiebrich in Verbindung zu bringen ist, stellt das Wienerlied eine bewußt komponierte und kunstvoll gestaltete (manchmal auch gekünstelte) Form dar. Durch die Verwurzelung der Komponisten im volkstümlichen Musizieren flossen aber noch genügend volkstümliche Elemente mit ein, um es zu einer Ausdrucksform zu machen, die das einfache Volk verstand und die es sich emotionell zu eigen machte. Da wird der alpenländische Jodler kunstvoll als Liedteil eingearbeitet, Volksmelodien in leichter melodischer oder rhythmischer Veränderung werden eingeführt. Vor allem der Trioteil der Marschlieder wird mit Vorliebe aus Volksliedern gestaltet. Es wäre gänzlich verfehlt, dahinter Plagiatsabsichten zu vermuten, sondern es ist dies ein Beweis für die Bodenständigkeit des Wienerlieds.

Die meisten bedeutenden Wienerlied-Komponisten jener Ära stammen aus der Mittelschicht oder haben sich durch ihre berufliche Laufbahn vom Klavierbegleiter der Volkssänger zum Kapellmeister schon sehr weit von der gesellschaftlichen Schicht entfernt, die auf ihre Lieder primär anspricht. Sie sind in der Salonmusik, in der Operette tätig und musizieren und schreiben zumeist in verschiedenen Genres.

Der Zeitgeschmack macht auch nicht viel Unterschied zwischen den einzelnen Liedtypen, stellt Operette, Volkslied, Schlager und Wienerlied nebeneinander. Sowohl in Inhalt und musikalischem Ausdruck überschneiden sich die Formen, und um die Jahrhundertwende haben selbst die Spitzenensembles der Wiener Musik, „D'Grinzinger", das „Maxim-Quartett", die „Gebrüder Butschetty", „D'Praterspatzen" und „Lenz und Ernst" eine bunte Mischung aus allen populären wienerischen Musikstilen in ihrem Repertoire. Inmitten all dieser Vielfalt werden aber die authentischen For-

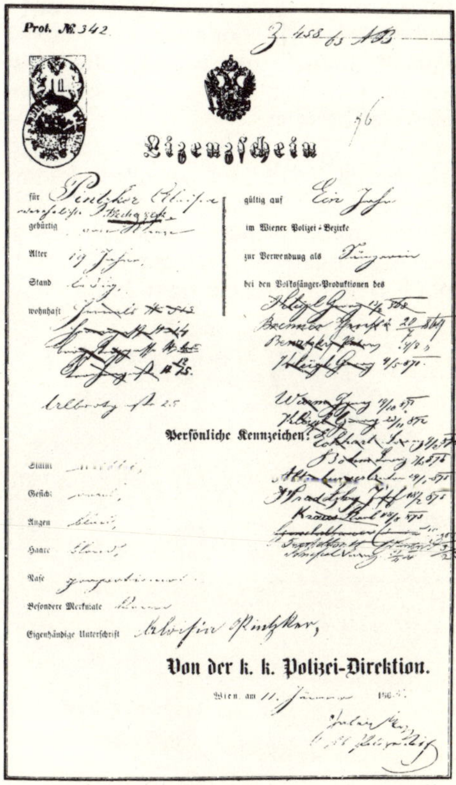

Prot. № 342

Lizenzschein

für [illegible] gültig auf Ein Jahr

gebürtig [illegible] im Wiener Polizei-Bezirke

Alter 19 Jahre zur Verwendung als [illegible]

Stand [illegible] bei den Volkssänger-Produktionen des [illegible]

wohnhaft [illegible]

Persönliche Kennzeichen:

Statur [illegible]

Gesicht [illegible]

Augen [illegible]

Haare [illegible]

Nase [illegible]

Besondere Merkmale [illegible]

Eigenhändige Unterschrift [illegible]

Von der k. k. Polizei-Direktion.

Wien, am 11. [illegible]

Polizeiliche Lizenz für die Auftritte der Luise Montag.

men, die in Musik und Text wienerische Lebensart wiedergeben, am Leben erhalten und weitergegeben.

Wie in jeder lebendigen Stilentwicklung fand auch in der Wiener Musik ein ständiger Erneuerungsprozeß statt. Die Beeinflussung aus dem ländlichen Musikbereich brachte immer wieder neue Impulse in die „verstädterte" Form des Wienerlieds herein. Individuelle Stilauffassungen der einzelnen Interpreten trugen das Ihrige zur Auffrischung starrer Formen bei.

So wichtig auch die Form der Lieder sein mag, sie gewinnen erst durch die Interpretation ihren volkstümlichen Gehalt. Wiener Musik lebt von der jeweiligen Darbietung, von der Einheit zwischen Komposition und Interpretation. Eine wesentliche Rolle bei der Beurteilung der Entwicklung der wienerischen Musik kommt daher der Schallplatte, als einzig verläßlichem, objektivem Beweisträger, zu.

Ab 1898 wurde Wiener Musik auf Schallplatten festgehalten, leider viel zu spät, weil um diese Zeit die Entwicklung schon abgeschlossen war und der Nachwelt eigentlich nur noch eine im Grunde dekadente Phase erhalten blieb. Die frühesten Tondokumente leiden zudem allzu sehr unter den Beschränkungen, die die damalige Aufnahmetechnik den Interpreten auferlegte. Es ist auch anzunehmen, daß die ursprünglichsten Interpreten der Vororte wahrscheinlich nur selten die Chance für Schallplattenaufnahmen erhielten, so daß die erhaltenen Aufnahmen sicherlich keinen repräsentativen Querschnitt durch das Niveau der Musikszene um die Jahrhundertwende geben.

Damals bestanden schon die beiden divergierenden Auffassungen der Interpretation von Wienerliedern, die heute noch Anlaß dazu geben, daß die Begriffe und Beurteilungen der Wiener Musik völlig auseinandergehen können. Da finden wir einerseits schon die Interpretation durch den stimmlich unausgebildeten Natursänger aus dem Volk, der den Stil durch mündliche Überlieferung weiterführt, und anderseits die verfeinerte Darbietung durch den ausgebildeten Sänger anhand von Notenmaterial, der unter anderem auch das Wienerlied als für sein Repertoire würdig befunden hat. Die letztere Gruppe von Sängern verfälscht das Erscheinungsbild der Wiener Musik außerordentlich. In Verbindung mit der Funktion des Wienerlieds als Werbeträger im Fremdenverkehr ist daraus mit der Zeit ein Zerrbild des Volksgesangs geworden, das sehr zum mangelnden Verständnis dieser Musik beiträgt.

Was an den erhaltenen Tondokumenten zunächst überrascht, ist, daß nicht diejenigen Namen überzeugen, die von den damaligen Verfechtern des Volkssängertums gepriesen werden, etwa von der „Gesellschaft zur Hebung und Förderung der Wiener Volkskunst", deren Name allein schon den verfälschten Begriff der Volkskunst erahnen läßt, um den es den würdevollen Herren dieser Gesellschaft ging. Ihre Protegés gehören zu jener zweiten Gruppe von Sängern, die den wahren Volksgesang nur vom Hörensagen kennen.

Der 1924 anläßlich des 50. Geburtstags Ludwig Grubers veröffentlichte „Wiener Volkskunst-Almanach" der Gesellschaft berichtet zwar über viele Größen der Vergangenheit aus Volkssängertum, Operette und Salonmusik, führt aber keinen einzigen der Namen an, die uns aus dieser Zeit von der Schallplatte her als die wahrhaften Volkssängergrößen bekannt sind: Hans Matauschek, Therese Hafenscher, Franz Niernsee, Fritz Matauschek, Max Jauner, die damals jugendliche Maly Nagl, deren Aufnahmen aus den zwanziger Jahren den Inbegriff der vollendeten Ausdruckskunst im Wienerlied darstellen, sowie die vielen Duettisten, deren zweistimmiger Terzengesang uns akustisch überliefert ist: Huber und Wolfert, Perthold und Gegenbauer, Stadler und Hermann, Sprung und Kirsch, Gebrüder Breier, Engel und Neuwirth, Mück und Weißgrab, Niernsee und Müller, Wild und Schneider. Sie alle wurden vom Volk geliebt und verehrt, aber von den Chronisten totgeschwiegen.

Das Aufkommen der Schallplatte sicherte dem Volkslied aus Wien eine weitere Verbreitung als zuvor.

Was das auf Schallplatten erhaltene Liedgut betrifft, zeichnet sich ein deutlicher Abfall des Zeitgeschmacks ab. Nur selten werden wienerische Volksmelodien gesungen, das Gros des Repertoires besteht aus den aktuellen Liedern der Modekomponisten Kronegger, Fiebrich, Strecker, Jäger, Baschinsky, Lorens, Gruber, Wottitz, Prechtl, Domanig-Roll, worunter natürlich sehr viel volkstümliches Material zu finden ist. Ebenso selten sind stilechte Interpretationen der wienerischen Instrumentalmusik. Aber sicherlich ist auch in dieser Beziehung die Schallplatte nicht als objektiver Maßstab des tatsächlichen Repertoires heranzuziehen.

Die Notzeiten zwischen den beiden Weltkriegen beeinträchtigten die Popularität des Wienerlieds nicht. Da viele Wiener auch damals bereit

Maly Nagl, eine bis heute bekannte Interpretin des echten Wiener Volksliedes.

waren, ihre letzten Schillinge beim Heurigen auszugeben, blühte die wienerische Musik weiter. Es stießen sogar viele Tanz- und Konzertmusiker neu zur Wiener Musik, weil man damit innerhalb und außerhalb Österreichs recht gut verdienen konnte. Da diese Musiker über keinen volksmusikalischen Hintergrund verfügten, entfernte sich ihre Musik immer weiter vom echt wienerischen Genre, und der Publikumsgeschmack akzeptierte neben den wahren Volkssängern, wie Ady Rothmayer, Mizzi Starecek, Rudi Hermann, Leopoldine Lauth, Willy Strohmayer und Maly Nagl auch andere Lieblinge, die sich in das Genre der Wiener Musik verirrt hatten, wie Franz Schier oder Paul Hörbiger.

In den Notzeiten der Arbeitslosigkeit blühte auch eine längst verloren geglaubte Profession wieder auf, das Straßensänger- und Straßenmusikantentum. Wenn auch wenig musikalische Qualität damit verbunden war, so brachte der traurige Anlaß dieser Renaissance doch ein frisches, unbekümmertes Musizieren in die Volksmusik ein.

Selbst in den Jahren des Zweiten Weltkriegs verstummte die Wiener Musik nicht. Man mißbrauchte sie sogar als Propagandamittel der damaligen Machthaber. Während das nationale Gefühl des Österreichers unterdrückt wurde, sollte das Wienerische in Musik und Film über alle Nöte hinwegtäuschen und solidarische Gefühle von Wien bis Berlin mit aufbauen helfen.

Die Wiener Musik der Nachkriegszeit schließlich strahlt das neuerwachte Lebensgefühl des Wieners aus, der bereit ist, seine Stadt zu neuem Leben zu erwecken. Mit dem zunehmenden Lebensstandard und dem modernen Lebensstil gehen aber notgedrungen die letzten Elemente Alt-Wiener Volkslebens zugrunde. Sie werden zwar als Relikte einer sentimental verklärten guten alten Zeit, die so gut gar nicht war, bestaunt, zum Teil im Interesse des Fremdenverkehrs krampfhaft und museal am Leben erhalten. Der letzte Werkelmann ist aber bereits verschwunden, der letzte Straßensänger und Bettelmusikant ist nur noch eine mild belächelte Kuriosität, der letzte Multi-Instrumentalist ist längst tot, die letzten Lavendelweiber verzichten auf den Gesang, und die Fremdenverkehrs- und Firmungs-Fiaker haben nichts mehr mit dem Volksgesang zu tun.

Und wie sieht die Situation draußen beim Heurigen aus? Dem Großteil der dort tätigen Musiker fehlt die Verwurzelung in der alten Volksmusik. Das vulgär-stereotype Trinklied und das populär-wienerische Schlagerlied stehen im Programm neben Operetten-, Film- und Musical-Melodien. Die letzten großen alten Volkssänger singen höchstens noch im kleinen, privaten Kreis, wie der Schmid-Hansl oder Maly Nagl. Die letzten echten Volkskomponisten, Karl Föderl und Fritz Wolferl, sind tot. So bleiben noch die lokalen Größen unter den Volkssängern, denen es nicht gelungen ist, Berühmtheit zu erlangen, und die im Kreis der Kenner und Lokalfans ihre kleinen Triumphe genießen. Das Duo Stadlmayr-Kroupa, Trude Mally, Karl Loserth, Kurt Girk, Gusti Hödl, Viktor Michalek zählen zu den letzten Vertretern dieser Art, die noch die Begegnung mit echt wienerischem Singen und Musizieren ermöglichen.

So trist und pessimistisch die Betrachtung der derzeitigen Szene des Wienerlieds klingen mag, so hoffnungsvoll stimmen doch einige andere Aspekte. Einerseits bemühen sich Musiker der klassischen Richtung, die Musik der Großen der Wiener Volksmusik, vor allem der Brüder Schrammel, zu neuem Leben zu erwecken. Wenn auch die akademische Blickrichtung dieser Bestrebungen dem alten volksmusikalischen Empfinden nicht ganz adäquat sein mag, so hat doch die Arbeit der seinerzeitigen Spilar-Schrammeln, des Wiener Konzertanten Schrammel-Quartetts, der Jilka-Schrammeln und vor allem des Klassischen Wiener Schrammel-Quartetts viel zur nachträglichen Anerkennung der Wiener Volksmusik in der Öffentlichkeit beigetragen.

Der kräftigste und lebendigste Impuls dürfte aber von einer Reihe von jüngeren Musikern stammen, die aus Interesse am alten Volksmusizieren zur Wiener Musik gefunden haben. Unter ihnen nimmt das Duo Karl Hodina—Eduard Reiser den bedeutendsten Rang ein, weil es den beiden Musikern gelungen ist, sowohl das Instrumentalmusizieren der „Weana Tanz" stilgerecht nachzuempfinden als auch neue Ausdrucksmittel und Inhalte mit den traditionellen Stilmitteln zu kombinieren. Die Kompositionen und Texte Karl Hodinas entsprechen dem Empfinden des Wieners der unteren sozialen Schichten und geben die kleinen Freuden, Ängste, Sehnsüchte und Kindheitserinnerungen rein emotional faßbar wieder:

> In Ottakring draußt, in an uralten Haus,
> Hint' im Hof, in der Speckbachergass'n,
> Da is' g'lahnt, ganz verstaubt, seiner Zierde beraubt,
> A Herrgott aus Stan so verlass'n.
>
> („Herrgott aus Stan", Text: Karl Hodina)

> Straßenmusikant, ohne Quetschen in der Hand,
> Bist a Null und bist a Weh, kannst in d'Häuser nimmer geh'.
> Straßenmusikant, mit die Menscher an der Hand,
> San die Buam im Hof umg'hupft, Leut' haben Kreuzer abag'schupft.
> Die allerschönsten Tanz hat dei alte Quetsch'n g'spielt.
> Hat sich 'plagt, hat sich bemüht, doch nur für di'.
> Straßenmusikant, nur der Pfandschein in der Hand
> Bleibt als einzige Erinnerung an sie.
>
> („Straßenmusikant", Text: Karl Hodina)

> Mir ham's mein Schrebergarten g'nommen mit alle Bam,
> Weg'n was brauch i jetzt no an Summer bei mir daham?
> Wann i auf d' Gass'n schau, schaut alles grau und staubig aus,
> Ob jetzt die Sunn scheint oder Regentropfen fall'n.
> Den blauen Himmel seg'n hast ebenerdig eh ka Chance,
> Die Bam hab'ns abg'löst, doch wer wird den Himmel zahl'n?
> Drum wart' i nimmer auf'n Summer, na, net im Tram,
> Mir ham's mein Schrebergarten g'numma mit alle Bam.
>
> („Mir ham's mein Schrebergarten g'nommen", Text: Walter Pissecker)

Die derzeit höchst aktuellen, für junge Leute geschriebenen Dialektlieder von Wolfgang Ambros, Georg Danzer, Thomas Declaude und anderen gehören in einen anderen Bereich. Sie haben, musikalisch betrachtet, keine Beziehung zum Wiener Volksmusizieren, versuchen aber, wienerische Stimmungsgehalte in moderne Songs einzubauen. Sie sind eine durchaus ernst zu nehmende Ausdrucksform lokal getönter Einstellungen und Werthaltungen, wie sie auch das Wienerlied, allerdings mit anderen Mitteln, zum Ausdruck bringt.

Wiener Lebensart im Wienerlied

Somit wird es Zeit, nach dem Versuch einer historischen Darstellung der Entwicklung der Wiener Volksmusik auch deren Ausdrucksgehalt anhand der Texte zu durchleuchten. Denn wenn auch die meisten Wiener Lieder mehr oder minder artifizielle Produkte einzelner Textautoren sind, so spiegeln sie doch allgemein verbreitete Einstellungen wider.

Die Ablehnung, die viele Wiener dem Wienerlied entgegenbringen, beruht meist auf den Texten, in denen ein Bild des Wieners entworfen wird, mit dem sich die wenigsten identifizieren wollen:

> Ja, echte Weanaleut san lustig jederzeit,
> Denn's echte Weanabluat is voller Übermuat,
> Bei jeder Drahrerei san d' Weaner glei dabei.
> Da wird ka Geld net g'schont, so san mir's g'wohnt!
> Nur mit der Arbeit, da hab'n mir ka Glück,
> Mir hab'n für's Nixtuan an größern Schick.
> Aber jed's Liadl, was unserans singt,
> An jeden Menschen in's Herz 'nein dringt.
>
> Refrain:
> Ja, 's gibt auf der ganzen Welt doch nur a Wean,
> Da kann ma halt alle Tag die höchsten Tanz hör'n.
> Ja, da is's noch kreuzfidel, da is's a Freud,
> Denn bei uns find't ma noch die lustigsten Leut.
>
> („D'lustigen Weanaleut", Text: Josef Hadrawa, um 1900)

In diesem und in vielen ähnlichen Texten ist alles enthalten, was der rational orientierte Mensch nicht ohne weiteres akzeptieren kann: übersteigerte Lebenslust, die in Weindusel, Gesang und Drahrerei ihren Ausdruck findet, Mißachtung des Geldes und aller materiellen Güter, lebensfremde Einstellung und Überbetonung der eigenen Lebensart. Sicherlich entspricht diese Schilderung der Psyche des Wieners nicht der Realität und hat ihr auch nie entsprochen.

Es handelt sich um ein kraß verzerrtes Autostereotyp, in dem der euphorische Augenblick, die Flucht aus dem Alltag zur Regel erhoben wird. Wunschträume der Unterschicht und des Bürgertums lassen eine goldene Backhendlzeit erstehen, die in Wirklichkeit immer nur für eine kleine Oberschicht der Gesellschaft existierte. Mit Stolz beruft sich der einzelne auf die ihm vererbten Eigenschaften und erspart sich die Mühe, seine Stellung durch persönliche Leistung zu bestätigen. Das Autostereotyp trägt durch die Verbreitung des Wienerlieds dazu bei, das Fremdstereotyp zu formen. Und doch kann man der überspitzten Selbstdarstellung die Liebenswürdigkeit nicht absprechen:

Wiener Typen prägen die Inhalte des Wienerliedes.

> Der Weana, das is g'wiß a g'müatliche Seel',
> Is allweil fidel bei jedem Bahöll,
> Er laßt a sei Lebtag ka Traurigkeit spür'n,
> Denn ihn kann so g'schwind auf der Welt nix schenier'n.
> Is wo a Hetz, a Gaude, wia ma sagt, a laute
> Remasuri, is er glei' dabei.
> Hört er a Musi strudeln, fangt er an zum Dud'ln,
> Echte Weanatanz, da singt er glei':
> Refrain:
> Da ziagt's ma mein Rock aus, verkauft's ma mei G'wand,
> Und macht's ma ka Schand, mir san ja bei'nand.
> Und spielt's ma den Tanz, daß' ma all'weil guat geht,
> Der Weana muaß zag'n, daß er's Aufdrahn versteht.
>
> („Da ziagt's ma mein Rock aus", Text: Carl Lorens, um 1900)

Die Sangesfreudigkeit und Weinseligkeit des Wieners hat natürlich reale historische Ursachen. Auf die wirtschaftliche Abhängigkeit des Wieners vom Weinbau wurde bereits früher hingewiesen. Das im Wiener Lokalton gehaltene Trinklied geht bis ins Mittelalter zurück, und die satirischen Sittenlieder, wie sie im Barock gesungen wurden, sind bereits als eine Art „Heurigenlieder" anzusehen. Die Verherrlichung der Weinseligkeit zieht sich bis zum heutigen Tag durch das Wienerlied. Mitunter geben solche Lieder auch einen indirekten Hinweis auf die sozialen Nöte, wenn zum Beispiel das lustige Wirtshausleben dem tristen Familienleben gegenübergestellt wird.

Die Divergenz zwischen dem Idealbild und der Realität läßt den Blick zurückrichten und die vielgepriesene Gemütlichkeit in der Vergangenheit suchen. Die Sehnsucht nach der alten Zeit trifft nicht nur auf das heutige Wienerlied zu, wir finden sie zu jeder Zeit, meist gekoppelt mit einem Wesenszug des Wieners, der vor allem der älteren Generation zugeschrieben wird: dem Raunzen und Lamentieren über die schlechten Zeiten. Die Sprache, deren sich dabei das Volkslied bedient, erreicht gleichzeitig größte Anschaulichkeit und poetischen Ausdruck:

> Wann ma unser Wean betracht', da is' ka Wunder, wann ma lacht,
> Der Unterschied gegen früh're Zeit, da warns' halt no ganz andre Leut.
> A Kirtag drin am Schottenfeld, da hat's no geb'n a Silbergeld,
> Die Zwanz'ger, dö san ummag'flog'n, der Tisch, der hat sich bog'n.
> Das Bachhendl, der Guldenwein hat auf kan Tisch net g'fehlt,
> Aber schaut man heut, wia's zuageh' tuat, da drent am Schottenfeld:
> Die reichsten Leut hab'n Crida g'macht, Fabriken zuag'sperrt über d'Nacht,
> Wo d'Weber g'macht hab'n teure Schal, steht a Versatzamtfilial.
> Von Bachhendln is längst ka Spur, heut' schlickt a jeder hinterm Tor
> A g'selchte Blunzen, daß all's hällt — die Leut hab'n z'wenig Geld.
> A Gfrett is' auf der Welt.
>
> („Die Leut' hab'n z'wenig Geld", Carl Lorens, um 1870)

Die wienerische Sprache, wie sie uns von den klassischen Textdichtern um die Wende zum 20. Jahrhundert überliefert wurde, ist trotz ihrer drastischen Ausdrucksweise, die — wie in dem folgenden Couplet — oft in einer Häufung von Kraftausdrücken gipfelt, die sichtlich dem Abreagieren von Aggressionen dienen, niemals ordinär.

Der Hupferl tuat ka Geld net hab'n, drum schenkt ihm der Wirt nix ein,
Des kränkt den Hupferl damisch, drum schreit er beim Fenster nein:
Du Gollasch-Bröckerl, Abzugtandler, spirr dei Tschecherl zua,
Du Kunstweintrankellieferant, hast eh scho um'bracht g'nua!
Zwa Quargeln und a Weck'n is dei ganzes Um und Auf,
Gibst eh am Liter Fensterschwitz[1] drei Viertel Hansel drauf.
Du g'hörst mit deiner Bude längst zum Blauen Herrgott[2] umi.
Jetzt bitt' ich Sie, versuchen Sie's und sag'n S' das durch die Blume.

(„Sag'n S' das durch die Blume", Text: Carl Lorens, um 1890)

1 Abzugbier, 2 ehemaliges Versorgungshaus auf dem Alsergrund

Einer der Grundzüge der Einstellung des Wieners im Lied ist die Ablehnung alles Politischen:

I druck mi in mei Winkerl, das ist mein stilles Glück,
I red ka Sterbenswörtel, i pfeif auf Politik.
I laß die andern streiten, trink ruhig meinen Wein,
Was kümmern mi die Zeiten, i will gern selig sein.

(„I druck' mi in mei Winkerl", Text: Rolf Schenkl-Ostry, 1912)

Einen Grund für diese apolitische Einstellung können wir darin sehen, daß das Wienerlied seine erste entscheidende Prägung zur Zeit des Vormärz empfing und die Einflüsse des damaligen Zeitgeistes sicher noch fortwirkten. Jedes politische und soziale Streben wird im Lied unterdrückt, indem das Lebensziel eindeutig fixiert wird:

Wir hab'n sonst ka Begehr'n, wia an Walzer nur hör'n,
So an feschen, runden, reschen, nachher sterb'n mir ja recht gern.

(„Nur an Walzer hör'n", Text: Carl Lorens, um 1880)

Die Armut wird gern als etwas Unabänderliches dargestellt, und materielles Streben liegt dem Wiener im Lied fern:

Es is amal schon Brauch auf dieser Welt,
Daß d'Menschen grundverschieden san.
Der eine schwimmt in Reichtum, Gut und Geld,
Beim andern stellt sich 's Elend ein.
Refrain:
Menschen, Menschen san ma alle, Fehler hat a jeder gnua.
Alle können doch nicht gleich sein, das liegt schon so in der Natur.

(„Menschen san mir ja alle!", Text: Carl Lorens, um 1890)

Wer a Geld hat, der kann ins Theater fahr'n

Das Wienerlied geht selten auf soziale Mißstände ein, wie Bilder von Kohlenverteilung und Wohnverhältnissen der Ärmsten in der „guten alten Zeit" sie zeigen.

Und wer kan's hat, macht si' z'haus an Narr'n.
Mir is's alles an's, mir is's alles an's
Ob i a Geld hab' oder kan's.

(„Mir is's alles an's", um 1850)

Das Verhältnis des Wieners zum Geld ist im Lied überhaupt sehr gestört und widersprüchlich. Geld wird im Grunde völlig mißachtet und nur deshalb ersehnt, weil es ein flottes Leben ermöglicht. Die wirtschaftliche Realität des Gelderwerbs ist nicht existent, im Wunschtraum wird erwartet, daß das Geld buchstäblich vom Himmel fällt:

Du himmlischer Vater, mit uns da steht's g'fehlt,
Mit uns da steht's g'fehlt auf der lieben Welt.
Schick jedem an Fufzger, mir hab'n ka klan's Geld,
Mir hab'n ka klan's Geld! Juchhe! Hallo!
Und wenn ma Geld gnua ham, da drah' ma auf mitz'samm,
Da laß' ma aufmarschier'n, daß sich der Tisch muaß biag'n,
Juhe, dann wird's a Leb'n, da muaß' an Rausch dann geb'n,
Da fangt der Steffel dann zum Wackeln an. Halloh!

(„Steinriegler-Marsch", Text: Josef Hornig, um 1900)

Soziale Mißstände werden eher selten behandelt. Nie werden kritische Bemerkungen an die Spitze eines Liedes gestellt, sie tauchen erst in späteren Strophen auf. Am ehesten befaßt sich noch das Couplet mit zeitkritischen Inhalten. Bezeichnenderweise wendet sich das Couplet wie das Theaterlied bereits an eine höhere soziale Schicht. In der Unterschicht selbst waren kritische Bemerkungen tabu. Hier wurde die Not wohl zu groß, als daß man sie noch musikalisch hätte bewältigen können.

Geldmisere, Zeiten schwere,
Klein und groß obdachlos.
Wohnung g'schmalzen, Hausherr'n g'salzen.
Bleibt nur noch 's Massenloch.
Da schlafen siebzehn in drei Betten —
Um stilles Beileid wird gebeten.

(„Um stilles Beileid wird gebeten", Text: Josef Philippi, um 1890)

Und wenn ganz eindeutige Sozialkritik vorgetragen wird, so wird sie durch den humoristischen Ton weitgehend entschärft:

Mit der Kost, a da san ma beinand,
Mir san nur das Roßbeef[1] mehr g'wohnt.
Die Mastrin kauft gar, o mein,
Beim I-han-han-Fleischhacker[2] ein.
Da hast so a Bröckerl, schnapp auf, schnapp auf,
Nimm vorher dein' Hammer, hau drauf, hau drauf,
Sonst verlierst vielleicht gar no am End'
Beim Abbeißen die ganzen Zähnd, o weh!

(„Wiener Schusterbuben", Text: Franz Schmitter-Schmitz, um 1880)

1 Pferdefleisch 2 Pferdefleischhauer

Solange der Wein in Strömen fließt, ist alles in Ordnung, suggeriert das Lied, freilich nicht für die, die selbst Brot nicht bezahlen konnten, sondern auf die Wohltätigkeit angewiesen waren.

Immerhin war der Humor ein willkommenes Mittel, zwischen harmlosen Strophen auch bissige Kritik unterzubringen:

A Schustermeister beutelt schon sein Lehrbub'n in der Fruah,
Er sagt, er soll das Kind umtrag'n, sonst kriegt er Schläg noch gnua.
Mit'n Arbeiten da hat's noch Zeit, bist nöt einmal noch frei,
Wannst G'sell bist, mußt ja lernen erst, sonst wär's a Schlamperei.

(„Schlamperei", um 1860)

War dem Sänger im Couplet ein wenig Narrenfreiheit gegönnt, so geben die Liedkompositionen des bürgerlichen Komponistenstandes der Jahrhundertwende fast durchwegs reaktionäres Gedankengut wieder, das fast schon wieder wie Selbstironie anmutet:

Was war'n für rare Leut am Stammtisch früh'rer Zeit.
A jeder gleichgesinnt — a Patriot.
Von mancher heißen Schlacht hab'n s' gern erzählt auf d' Nacht,
In der sie kämpft für Kaiser und für Gott!
Schaut man sich dann und wann heut so an Stammtisch an
Wo in an Beisel, tuat das Herz an weh.
Drei Lehrbuab'n sitzen dort und führ'n das große Wort
Von ‚freier Schul' und ‚freier Liab', ui jeh'.
Da red' i schon gar nix und trink' desto mehr,
Der Wein war mein anziger Tröster bisher.

(„A alter Stammgast", Text: Ludwig Gruber, um 1910)

In den wenigen Liedern, in denen die Situation der Arbeiter oder die Armut direkt dargestellt wurden, bedienten sich die Autoren eines pathetischen Tones, wie er dem Volk völlig fremd war. Hier zeigt sich deutlich, welche Distanz zwischen den Liedschöpfern und der dargestellten Schicht bestand.

Wie schön, wie herrlich ist die Welt, wie lieblich anzuschauen,
In Berg und Tal und Flur und Feld kann sich der Mensch erbauen,
Doch aber ach, was hat denn nur ein Arbeitsmann von der Natur?
Von Jugend an ins Arbeitsjoch gespannt, hat weder Freude er noch Lust gekannt,
Nur fleißig rackern ist seine Pflicht, nur Pflicht auf Pflicht, denn Rechte kennt er nicht
Muß ringen täglich um das liebe

Im 18. und 19. Jahrhundert war es noch ein Beruf, Straßenmusikant zu sein, und zu jeder Zeit liefen die Kinder den fahrenden Volkssängern nach.

Brot, und als Begleiter kennt er nur die Not.
Bis sich auf ewig schließt sein bleicher Mund, so geht ein Arbeitsmann zugrund.

(„Arbeiter-Los", Text: E. Kolp, um 1910)

In Texten, die sich ans bürgerlich-kleinbürgerliche Publikum wenden, wurde wiederum das Zerrbild des Ignoranten, der jedem Fortschritt skeptisch gegenübersteht, als Identifikationsobjekt angeboten:

Mir hab'n bei uns in Wien
jetzt so g'wisse Leut' herin,
Die woll'n durchaus verdrängen
den g'mütlich guten Sinn.
Tun allweil schür'n und hetzen,
verbessern woll'n s' die Welt,
Mich können die net pflanzen,
denn was die woll'n, das ist g'fehlt.
I sag', bei uns in Österreich
da war'n von jeher alle gleich.

Refrain:
I bin a echter Weana Schnapper,
A alter Drahrer voller Schneid,
I bin a Beißer, und i a Schmeißer.
Wir pass'n net in die neuche Zeit.

(„Wiener Schnapper-Marsch", Text: Carl Lorens, um 1890)

Und weil doch die fatalistische Einsicht besteht, daß der Gang der Dinge nicht aufzuhalten ist, überläßt man sich dem Augenblick. Die Idee, selbst einzugreifen, liegt völlig fern.

Aber Leuteln laßt's es renna
weil ma's do net halten könna,
Kinder Gottes seid's net fad.
Heut wird 'draht.

(„Aber Leuteln laßt's es renna!", Text: Leo Einöhrl, um 1905)

Eine beliebte Möglichkeit zur Flucht aus dem Alltag war auch die Idyllisierung des ländlichen Lebens, die Verherrlichung freien Jägerlebens; eine Tendenz, die sicher auch dazu beitrug, daß immer wieder alpenländisches Liedgut gesungen wurde. Das hinderte aber den Wiener nicht, sich von dem „G'scherten" überheblich zu distanzieren, obwohl er im gleichen Augenblick dessen Musik übernahm.

Die Ablehnung alles Fremden, aus derselben Wurzel kommend wie die selbstverliehene Gloriole von der „Besonderheit" des Wieners, bezog sich aber vor allem auf Juden und „Böhm", die das willkommene Objekt des Spottes in allen Arten des „Volkshumors" boten. Chauvinismus und Intoleranz sprechen leider ebensooft aus vielen Liedern wie der berühmte Grundsatz des „Lebens und leben lassens".

Die letzte Fluchtmöglichkeit wird oftmals in der letzten Strophe von Liedern mit viel Selbstironie in der Hoffnung auf eine Verwirklichung des irrealen Heurigenparadieses nach dem Tod gesehen:

Die Engerln spiel'n a Weanalied,
daß an das Herz glei roglert wird.
Und von der Fern ganz leis und still, hört ma an Dudler voller G'fühl.

(„Wia si der Weana 'n Himmel vorstellt", Text: Adolf Hirsch, um 1890)

Es ist wahrhaftig kein sympathisches Autostereotyp, das im Wienerlied geprägt ist, und doch gelingt es der Musik, das Bild des Wieners mit allen seinen Schwächen und Vorurteilen liebenswürdig zu zeichnen. Es ist nie genügend Ernst mit im Spiel,

Auch das 20. Jahrhundert hatte in Wien seine Straßenmusikanten: Arbeitslose, die sich ein paar Groschen verdienen wollten ...

um die Fehler tragisch zu nehmen, dafür aber immer ein Schuß Ironie.

Wie ernst ist nun der Ausdrucksgehalt des Wienerlieds zu nehmen? Sicherlich wird man nicht umhin können, dem Bild des Wieners ein gewisses Maß an Allgemeingültigkeit zuzusprechen. Die Züge sind zu stark ausgeprägt, und das über eineinhalb Jahrhunderte hinweg, um sie als rein subjektive Stilmittel einzelner Textdichter zu erklären.

Und schließlich stimmen viele der dargestellten Wesenszüge mit der Typisierung des Wieners in Literatur, Volksstück und Film überein. Der „böse Wiener" der Nachkriegsliteratur paßt genauso in dieses Klischeebild wie die zahlreichen Typen, die etwa Hans Moser in seiner unnachahmlichen Art in Filmen verkörpert hat — im Grund gutmütig, aber ebenso im Grunde doch auch ein Zeitgenosse, der nicht nur angenehm sein kann.

Diesen Typus einer bestimmten sozialen Schicht zuzuordnen, ist nicht leicht möglich. Wohl wird er vor allem in der Beschreibung der kleinen Leute angewendet und von den Volkssängern, die zumeist der Unterschicht entstammen, besungen. Die Grundhaltung des Wienerlieds zielt aber sicherlich auf allgemeine, schichtunabhängige Wesenszüge ab, mit denen sich, zumindest kurzfristig in der Weinlaune des Heurigen, ein breit gestreuter Teil der Wiener emotionell und stimmungsabhängig identifizieren kann.

Aus den angeführten Textbeispielen könnte man unter Umständen auch politische Schlüsse ziehen. Allein die Tatsache, daß alles Politische im Lied verpönt ist, wäre an sich schon ein politisch auslegbares Indiz. Sicherlich verfolgten die Textdichter des Wienerlieds keine politischen Absichten. Sie gaben vielleicht nur der zutiefst apolitischen Haltung des bürgerlichen Mittelstands Ausdruck, der seine Lebensweise durch eine neue Epoche bedroht sah und einer zunehmenden Politisierung breiter Bevölkerungsschichten tiefes Mißtrauen, ja eine durch die unübersehbaren sozialen Mißstände nur zu begründete Angst entgegenbrachte.

Dadurch wird aber nicht abgeschwächt, daß den Inhalten des Wienerlieds dort, wo seine Aussagen dem politisch Unmündigen im Unterbewußtsein zur Lebensanschauung beitragen, eine höchst politische Bedeutung zukommen kann. Es wäre sicherlich auch eine dankenswerte Aufgabe, den hier nur angedeuteten möglichen Zusammenhängen nachzuspüren.

Fotos: Archiv Weber, Archiv ÖGB, Bildarchiv der Österreichischen Nationalbibliothek, Historisches Museum der Stadt Wien

Verzeichnis der Bilder und Grafiken

Der liebe Augustin Variation zu einem Thema *Weichgrundradierung* *im Auftrag der Kammer für Arbeiter und Angestellte für Wien* *Hergestellt bei Friedrich Rull, Handkupferdrucke*	28,5 x 41,5
Stürmische Landschaft	24 x 42
Landschaft mit Insekt	12 x 19
Zwilling *Aus der Mappe STERNZEICHEN*	15,5 x 11
Wunderdoktor	41 x 31
Schachmeister in seinem Garten	49 x 59
Dompteur	37 x 45
Zauberschach	30 x 28
Zauberer auf großer Reise	15 x 20,5
Silvia Hodina	15,5 x 12,5
Renate Hodina	16,5 x 12,5
Porträt	20,5 x 17
Porträt	24 x 18,5
Winterlandschaft	29,5 x 19,5
Winterlandschaft	22,5 x 31
Vom Jagen	23 x 33
Vom Fischen	23 x 33
Der Fischer	29 x 40
Heimkehr von der Jagd	37 x 45
Schmetterlingsjäger	30 x 19,5
Ameisenjagd	29 x 39
Die Falle	30 x 23
Pflanzendoktor	31 x 22
Vogelfrau	29 x 23
Drachensteiger	19 x 14
Traum vom Fliegen	66 x 114
Fliegende Fische	24,5 x 65
Der liebe Augustin verläßt Wien	100 x 120
Einsamer Wanderer	40 x 53,5
Der Fischer	14,5 x 29
Der Wassermann	16 x 27,5
Verwandlung	10 x 19

Herausgegeben von der Kammer für Arbeiter und Angestellte für Wien

ISBN 3-85431-011-0

Reproduktionen: Schönwälder, Wien
Satz: Fotosatz Bergler, Wien
Druck: Verlag des Österreichischen Gewerkschaftsbundes Ges. m. b. H., Wien